新时期高校田径运动课程建设与教学指导研究

黄常亮 著

 吉林出版集团股份有限公司

图书在版编目（CIP）数据

新时期高校田径运动课程建设与教学指导研究 / 黄常亮
著. -- 长春：吉林出版集团股份有限公司，2020.11
ISBN 978-7-5581-9396-5

Ⅰ．①新… Ⅱ．①黄… Ⅲ．①田径运动－教学研究－
高等学校 Ⅳ．①G820.2

中国版本图书馆CIP数据核字(2020)第243348号

书　　名：新时期高校田径运动课程建设与教学指导研究
XINSHIQI GAOXIAO TIANJING YUNDONG KECHENG JIANSHE YU JIAOXUE ZHIDAO YANJIU

作　　者 / 黄常亮
责任编辑 / 蔡宏浩
封面设计 / 万典文化
开　　本 / 787mm × 1092mm　1/16
字　　数 / 220千字
印　　张 / 10.25
印　　数 / 1–1000
版　　次 / 2020年11月第1版
印　　次 / 2022年9月第2次印刷

出　　版 / 吉林出版集团股份有限公司
发　　行 / 吉林音像出版社有限责任公司
地　　址 / 长春市福祉大路5788号
印　　刷 / 唐山新苑印务有限公司

ISBN 978-7-5581-9396-5　　　　定价 / 65.00元

前　言
PREFACE

随着经济的发展和社会的进步，运动已成为人们生活中越来越重要的组成部分，而田径运动是其他体育运动的基础。近年来，由于我国举办大型田径赛事不断增多，同时培养了刘翔、苏炳添等家喻户晓的明星运动员，使田径在人们心中的地位也越来越高，参与田径运动和路跑的人不断增多，但由于大学生平时学习压力大，运动时间大幅度减少，造成爆发力、肌肉力量、耐力、柔韧性、协调性等素质全面下降，同时运动技术不合理等原因造成不同程度的运动损伤。为了改变这种情况，高校有必要开设田径公共体育课程。根据田径运动的特点使其与学校体育课程有效地组合，在发展大学生身体素质的同时培养其终生体育意识。

在当前高校体育专业教育活动开展的过程中，田径课程教学是其中非常重要的一部分内容。田径课程对于学生本身来说，其是一种基础性运动项目，同时田径运动项目也具有一定的经济价值，对学生身心素质方面的全面培养和促进的作用。在实际教学活动过程中，我们应该客观分析当前体育教育专业田径课程教学活动的开展需求和特点，引入科学的教学思路和理念，更好地实现对田径课程教学工作的全方位优化，提升整体教学水平和教学成效。

由于时间和精力有限，书中不足之处，敬请各位同仁批评指正，以便在日后再版修订时进一步完善。

目　录
CONTENTS

第一章 高校田径运动概述

田径运动存在的历史非常悠久，它几乎伴随着人类每一个历史时期，一路走到今天。它历经长期的演变、积累和发展，直到今天成为了现代体育运动中运动项目最多的健身与竞技运动项目。正是由于它所包含的显著特点和价值，使其成为了当下我国高校中的一项重要的体育教学内容。因此，本章主要对田径运动的起源和发展、特点与价值以及田径运动在高校中的开展情况进行较为详细地分析和阐述。

第一节 田径运动的起源与发展

一、田径运动的起源

田径运动实际上起源于人们在日常生活中需要用到的各种生活技能。早在远古时代，为了更好地延续生命和获得生活资料，人们不断地进行奔波，或是爬树摘果，或是围捕。在这些生存活动过程中，就需要走、跑、跳、投等各种动作。由于这些动作在生存和生活过程中被不断地重复，便逐步演变和形成了快速奔跑、敏捷跳跃、准确投掷等技能。除此之外，在渔猎的闲暇之余，古人类也会围绕走、跑、跳、投等运动形式开展一些娱乐和竞赛活动，以便增加娱乐性。由此，便逐渐形成了田径运动的雏形。

由于田径项目众多，为更好的说明田径运动的起源问题，将不同项目分为几个大类来进行关于起源的说明。

（一）跑动项目的起源

短跑的起源：公元前 776 年，第一届古代奥运会在古希腊奥林匹亚村举行。短跑项目在此届奥运会上已经出现。

马拉松的起源：雅典战士菲迪皮茨为了向雅典人报告胜利的消息，从马拉松一直跑到雅典后牺牲，马拉松长跑比赛是为了纪念他而专门设置的运动项目。在 1896

年举行的第一届现代奥运会上，举行了从马拉松镇跑到雅典的比赛。

现代长跑的起源：现代长跑运动起源于英国。18 世纪时，英国就已经有一些职业赛跑选手参加长跑比赛了。

跨栏跑的起源：跨栏跑项目的起源地也是英国。跨栏跑项目比赛第一次正式举行是在 1864 年的首届牛津剑桥两所学校举行的对抗赛上。

（二）跳跃项目的起源

跳远的起源：公元前 8 世纪在古希腊奥运会上就出现了跳跃比赛当时跳远项目是五项全能之一。现代跳远项目则在 19 世纪中叶出现。在 1896 年雅典举行的第一届现代奥运会上，跳远成为正式比赛项目。

三级跳远的起源：公元前 200 年类似三级跳远的比赛就在克尔特人运动会上出现了。爱尔兰和苏格兰是现代三级跳远的发源地。19 世纪中叶以后，三级跳远技术有了进一步的发展，并且逐步形成了几大流派。

跳高的起源：跳高作为田径比赛项目起源于爱尔兰和苏格兰。1800 年跳高已是苏格兰高地运动会的比赛项目之一。

撑竿跳高的起源：最初的撑竿跳高项目是由掌竿或投枪作为支撑物越过深沟、水溪和围墙演变而来。一直到公元 554 年在爱尔兰塔里蒂安运动会上，撑竿跳始终作为传统运动项目而进行比赛。经过一段时间的演变和发展，撑竿跳从爱尔兰传到苏格兰和英格兰。1866 年，作为正式竞技运动项目的撑竿跳高有了第一次比赛。

（三）投掷项目的起源

掷铁饼的起源：投掷铁饼是一项古老的田径项目，早在古代奥林匹克运动会上就有了这一项目五项全能中的"投盘"指的就是掷铁饼。当时用的圆盘为石制的，后来逐渐演变为金属圆盘。

推铅球的起源：炮兵投掷炮弹比赛经过不断的演变逐渐发展成为推铅球。现代铅球的重量为 16 磅，即 7.26 千克，此重量是从铅球起源就一直沿用的。

掷链球的起源：链球项目起源于爱尔兰和苏格兰。在 19 世纪中叶，链球项目就在英国一些大学里出现了。1890 年前后，美国人把链球的木柄改为铁柄，再后来，改为钢链。这就是现代链球的雏形。

二、田径运动的发展

（一）世界田径运动的发展

田径运动是最早进行的体育比赛项目之一。以古代奥运会为例，从第一届古代奥运会开始，田径运动就是正式比赛项目。这个势头在现代奥运会中也依然延续。在第一届古代奥林匹克运动会的比赛项目中，田径项目主要包括跑、跳、投以及其他项目。奥林匹克运动会最初只有短跑比赛，后来随着运动项目的演变和发展，逐步增加了长跑、跳远、掷铁饼、掷标枪等项目。

19 世纪初，职业性的赛跑、竞走和有组织的苏格兰田径运动会相继出现在英国。19 世纪中叶，英国、美国先后举行过田径冠军赛。至于现代田径运动到底是什么时候最终形成则还没有一个肯定的答案。1896 年，经法国社会活动家皮埃尔德顾拜旦倡议，恢复召开了第一届现代奥林匹克运动会。1896 年第一届现代奥林匹克运动会的田径赛可认为是现代世界田径运动开始的标志。

现代田径运动的发展历程，总的来说可以大致分为五个阶段，具体如下：

1. 田径运动的形成和发展阶段（19 世纪末—20 世纪初）

这是世界田径运动发展的第一阶段，具体来说，就是现代田径运动开始形成、发展，在较低水平上逐步提高阶段。在这个阶段，世界上有人开始用照相机拍摄单片或间隔时间连续拍摄照片，对跑、跳、投的技术进行研究和提出改进技术的意见等。19 世纪末—20 世纪之初，在第一至五届奥运会中，田径赛所设的项目数分别为12、16、16、18、21。其中，由于美、英两国田径赛开展得较早因此，其成绩占绝对优势。

在第五届奥运会上，田径成绩有了较大幅度的提高，芬兰长跑和投掷运动员表现出色，获 3 枚金牌。瑞士首获十项全能冠军，共获 3 枚金牌。这届田径成绩的大幅度提高，不仅充分反映了世界田径运动的较好发展，而且还意味着美国绝对垄断金牌的优势开始遭到挑战。

1912 年 7 月 17 日，"国际业余田径联合会"在斯德哥尔摩举行，有 17 个国家的代表参加。这次会议不仅为国际田径赛和奥运会田径赛制订了一个能被世界各国和地区接受的有关规则和组织章程，而且还开展了国际田径运动的统一管理和组织工作。1913 年，第一部章程在柏林代表大会上通过。

2. 田径运动的缓慢发展阶段（1913 年—1920 年）

这是田径运动发展的第二阶段，因为第一次世界大战的爆发，使得第六届奥运会未能举行，从而也导致世界田径运动成绩呈现出逐渐下降的趋势。

在第七届奥运会上，美国获 7 枚金牌，田径实力有所削弱；芬兰获 6 枚金牌，田径实力明显增强；英国获 3 枚金牌。1920 年第 7 届奥运会田径赛成绩低于八年前的第 5 届，而且显著下降。在这个阶段，芬兰的投掷和长跑项目成为世界比赛中的强项。

3. 田径运动的复苏与提高阶段（1921 年—1936 年）

这是田径运动发展的第三阶段，在 20 世纪 20 年代—30 年代中期，是世界田径运动恢复发展与提高的阶段。这一时期的田径运动已经逐渐从低迷的发展阶段走了出来。

田径运动在第一次世界大战后都有所发展。参加奥运会田径赛的国家和运动员也增多，在迅速恢复战前水平以后，第八届至第十届奥运会田径赛成绩是逐届提高的。1936 年，举行的第 11 届奥运会田径赛中，田径运动的成绩已达到了一个较高水平。

1922 年在巴黎首次举行了女子田径赛。1924 年，女子田径运动的联合会成立。1928 年荷兰阿姆斯特丹举行的第九届奥运会上，首次将女子 5 个项目列为田径比赛项目。此后，女子田径比赛项目不断增加，成绩也不断提高。除此之外，这一阶段还有一些与田径运动会发展相关的其他事件，具体如下：

（1）1926 年，荷兰出现第一架终点高速照相摄影装置，以消除在终点裁判和计时中的人为因素。1928 年的第九届奥运会上，田径裁判工作使用了此装置。

（2）1928 年，国际田联在阿姆斯特丹代表大会上首次批准了有关查禁兴奋剂的规则，并编入了国际田联手册。

（3）1930 年，电子计时成绩被承认为世界纪录。1977 年起，400 米和 400 米以下的项目只有全自动电子计时的成绩才被承认为世界纪录。

（4）1932 年，洛杉矶第十届奥运会采用 1/100 秒计时，并增设终点摄影技术。

在这一阶段，日本运动员在奥运会上逐渐表现出较高的田径运动水平，在第九、十、十一届奥运会的三级跳远比赛中，获得"三连冠"。除此之外，还曾获一枚马拉松跑的金牌。第 11 届奥运会田径赛中，美国、芬兰、德国、英国实力较强。世界体坛传奇田径运动员，美国黑人男运动员欧文斯获得 4 枚金牌，这四个项目分别是：100 米、200 米、跳远和 4X100 米接力跑，另外，他 8.13 米的跳远世界纪录保持了25 年之久。

4. 田径运动的发展再一次进入低谷阶段（1937 年—1948 年）

这是田径运动发展的第四阶段，第二次世界大战爆发，使得第十二、十三届奥运会未能举行。同样受此影响，世界田径运动再一次进入发展的低谷期。需要强调的是，这一时期也有一定的重要贡献，比如很多的国家在田径训练中较普遍采用杠铃发展肌肉力量的方法。

1948 年举行的第 14 届奥运会田径赛成绩要低于 1936 年举行的第 11 届奥运会田径成绩。美国、瑞士、荷兰名次较好，尤其是荷兰女运动员大显身手，获得了 4 项冠军。

当然，已在世界许多国家开展起来并不断提高的田径运动也具有顽强的生命力，在第二次世界大战期间，包括受战争严重破坏的苏联和东欧在内的许多国家，仍然在通过一系列的措施来促进田径运动的广泛开展，从而使本国的田径运动水平得到进一步的提高。

5. 田径运动进入到高水平的创新发展阶段（1952 年至今）

这是田径运动发展的第五阶段，第二次世界大战后，田径运动很快的恢复起来，持续不断提高并达到很高水平的阶段。发展至今，已经进入了极高水平的阶段。

前苏联在 1952 年首次参加了第十五届奥运会，其他欧洲国家也增多。在第十五届奥运会上，田径赛竞争比较激烈，田径成绩比上届有了较大幅度的提高。这一时期田径运动有了进一步的发展，运动水平有一定的提升。捷克斯洛伐克运动员埃扎托皮克被称为"人类火车头"，他创造了 5000 米、10000 米世界纪录，并在第十五届奥运会上获得 5000 米、10000 米和马拉松跑三项冠军。巴西的弗达西里瓦连获第十五、十六届奥运会三级跳远冠军，尤其是在第十五届奥运会比赛中，他 6 次试跳，4 次打破世界纪录。美国的帕里奥布莱因被称为大力士中的巨人，他不仅创新了背向滑步推铅球技术，对田径运动的发展产生了深远的影响，而且他还连获第十五、十六届奥运会推铅球的冠军。除此之外，力量素质训练受到重视，再加上前苏联、美国等一些田径运动类的专著和教材的翻译出版，都在一定程度上促进了田径运动的发展。

这一时期，独霸世界田坛的美国在世界田径大赛中有了前苏联这个强有力的竞争对手。1960 年第十七届奥运会上，前苏联获得 11 枚田径金牌。美国获得 12 枚田径金牌。第十七届奥运会上，非洲高原地区的埃塞俄比亚运动员阿贝贝夺得马拉松赛跑冠军。一些生理学家认为阿贝贝之所以会具有惊人的快速恢复机能是源于高原训练，从此高原训练受到了一些生理学家和教练员的重视。

1968 年，出现人工合成的塑胶跑道。这一被称为"全天候"的新型跑道，不仅解决了雨天无法进行田径赛的难题，而且还能有效提高对一些项目的技术和成绩，它的出现和使用对田径运动的发展有积极的推动作用。

1968 年后，背跃式跳高技术得到了较为广泛的普及。在墨西哥举行的第十九届奥运会中美国运动员福斯贝里采用背越式跳高技术取得冠军，从此不仅使背越式跳高技术得到了广泛的普及，而且还进一步促进了跳高成绩的迅速提高。

美国优秀运动员欧捷尔被称为是奥运史上的"田径长寿冠军",他夺得了第十六至十九届奥运会田径赛中铁饼比赛的"四连冠"。他保持长时期的世界冠军的高度竞技能力成为了田径运动的竞技年龄与竞技寿命研究的重要课题。

1972年,在慕尼黑举行了第二十届奥运会,相对于上一届奥运会来说,这一届竞赛的运动成绩都有了一定程度的提高。这也充分证明了高原训练是一种提高田径运动员技术和能力的有效方法。

1976年在蒙特利尔第二十一届奥运会上,民主德国运动员表现强劲,共获11枚金牌,为那届奥运会田径金牌之冠。而美国则只获得6枚,这也标志着美国逐渐失去在田径方面的优势。世界田径运动的发展水平也呈现出全面提高的趋势。

1980年,第二十二届奥运会在莫斯科举行。在这届奥运会中,一些国家为反对前苏联出兵干涉阿富汗内政没有参加。同时一些著名选手也都拒绝参加,在一定程度上对田径成绩产生了影响,但大多数欧洲国家优秀选手参加了田径比赛并且本届38项比赛中仍有25项成绩高于上届。

1984年在洛杉矶举行了第二十三届奥运会。被誉为"现代世界田坛的欧文斯"的美国短跑运动员卡尔刘易斯,在本届奥运会田径赛中获得100米、200米、跳远和4X100米接力跑4枚金牌。另外前苏联为抵制在美国举行本届奥运会,未派运动员参加。

1988年,第二十四届奥运会田径赛在汉城(今首尔)举行,这一届的田径运动成绩有全面显著的提高。男、女42个比赛项目,有35个项目成绩要比上届的成绩高。另外,此届奥运会中男子100米运动员本约翰逊因查出服用违禁药物被取消资格,这也给奥运会提出了一个非常重要的试待解决的问题。

1991年,在东京举行了世界田径锦标赛,规模和水平与奥运会田径赛相媲美。国际田联决定,队1991年起世界田径锦标赛为每两年举行一届。

1992年在巴塞罗那举行的第二十五届奥运会,有157个国家和地区的1800余名运动员参加田径比赛。本届奥运会竞争激烈,总体上来说,本届奥运会的整体成绩比上一届要低一些,导致如此的原因有很多,其中最主要的是苏联解体,凝聚力和爱国主义热情受到影响;德国社会动荡,社会问题影响了田径实力,等等。

1993年8月,在德国斯图加特举行了第四届世界田径锦标赛。本届锦标赛中共有44项比赛,其中43项具有可比性的成绩中,男女26项成绩要比第三届世界田径锦标赛高,有24项成绩比1992年第二十五届奥运会要高。

1996年,在亚特兰大举行了第二十六届奥运会,在本届奥运会比赛中,美国的田径比赛的运动成绩位居榜首,俄罗斯、德国紧随其后。

世界田径运动进入21世纪,也有了极大的发展。2000年,第二十七届奥运会在悉尼举行，在这届比赛中，欧洲运动员的运动水平整体相对较高，并且呈现出逐渐上升的趋势。2004 年，第二十八届奥运会在雅典举行，参加比赛的有来自 202 个国家和地区的两千多名运动员。该届奥运会的特点主要体现在两个方面：一方面，奖牌数较为分散；另一方面，竞争激烈，成绩有一定程度的提高。

另外，世界田径成绩也有了大的发展。2008 年，第二十九届奥运会在中国的北京举行此届奥运会中的田径运动有多项世界纪录被刷新，对田径运动的发展起到了积极的推动作用。

2012 年，第三十届奥运会在伦敦举行，本届奥运会田径比赛共设有 47 个项目，47 枚金牌。

（二）我国田径运动的发展

我国田径运动的发展较晚，根据不同的发展程度和水平特点，可以将我国田径运动发展的历程分为以下几个阶段。

1. 我国田径运动发展的萌芽时期（1910 年—1948 年）

这是中国田径运动的第一个发展阶段，这一阶段中国田径运动的发展特点主要表现为：引进、初步开展和停滞不前。此阶段共举办了七届全运会。1910 年的第一届和 1914 年的第二届全运会从规程、规则的制订到裁判员、工作人员的选定均由外籍传教士包办采用英制单位作为径赛距离和田赛成绩的丈量制度，投掷重量以磅为单位。中国人自己主办了 1924 年的第 3 届全运会田径赛，设 19 个比赛项目，距离均采用米制单位。这是中国田径运动的开端。第四、五届全运会以省、特别市、特区、华侨团体为单位进行，并设有女子比赛项目，刘长春在第五届全运会上创造了 100 米 10 秒 7 的全国纪录。这个时期，中国田径运动对女子田径运动非常重视。

1910—1948 年，中国参加了第十一、十四届奥运会，遗憾的是，均未得分。相对于当时的世界水平来说，中国田径运动水平相对较低，还需要更好地进行发展和提高。尤其是田径场地和设备、人才、田径运动教材、专著和科学研究仪器等方面，都需要进一步完善。

2. 我国田径运动发展的普及和提高时期（1949 年—1965 年）

为了更好地促进田径运动的发展，提高运动水平，国家和各省、市、自治区通过实施各项措施来为其提供各种条件。这些条件包括增设场地器材、培养专业人才等。

从 1952 年起，我国每年都会举行较大规模的田径运动会，以此来培养田径人才，并着手培养优秀田径运动员。1957 年 11 月，中国优秀女子跳高运动员郑凤荣跳过 1.77 米横杆，打破了世界女子（1.76 米）跳高纪录，轰动世界体坛。到 1958 年 7 月，旧中国田径纪录全部被刷新。中国田径运动员开始向世界田径运动高峰攀登。1959年，第一届全运会田径赛上各项成绩都较大幅度地提高了成绩。除此之外，我国还在引进出版美国、前苏联、日本等田径专著、杂志的同时，也发表了自己的田径专著、论文等，这位我国田径运动的发展提供了一定的理论支持。

1965年，第二届全运会田径赛举行。在此次全运会上，75名运动员有80次打破21项全国纪录，其中有8个项目成绩达到世界先进水平。

3. 我国田径运动发展的下滑和停滞时期（1966年—1976年）

在这一阶段中国的体育运动跌到了低谷，并且成为了有史以来没有发展的时期。1966—1976年是"文化大革命"时期。在这一时期，不仅田径运动的教师、教练员等被批判，解散田径运动队，而且还取消运动员、裁判员等级制度销毁一些教材、论著这就导致这一时期的田径运动发展出现了停滞。

这一时期，男子跳高运动员倪志钦以2.29米的成绩创造了世界纪录，除此之外，就没有突出的表现，许多有才能、水平较高、正向世界田径运动高峰攀登的运动员夭折，这不仅导致当时的运动水平大大下降，而且也给以后田径运动的发展造成了无法弥补的损失，我国与世界田径运动水平缩小了的差距又拉大了。

4. 我国田径运动发展的复兴时期（1977年—1993年）

1979年第四届全运会田径赛中打破了18项全国纪录，38项比赛中有34项成绩都比1975年第3届的水平要高。20世纪80年代起，田径运动员有更多的机会参加国际性比赛，运动成绩也有了进一步的发展。在第五届全运会上，朱建华以2.38米的成绩打破男子跳高世界纪录。1984年6月，在联邦德国埃伯斯塔举行的国际跳高赛中，他又以2.39米的优异成绩创造了男子跳高世界纪录。中国田径协会也成为国际田联第一组会员国。

1987年，第六届全运会田径赛相对于上届来说，绝大部分项目的成绩是相对所提升的。1988年第二十四届奥运会田径赛中，我国女子铅球运动员李梅素以21.06米的成绩获得铜牌。1990年，北京举行第十届亚运会，我国田径运动员共获金牌29枚。我国田径运动成绩在亚洲处于优势地位，尤其是女子田径，在很多项目上取得了非常有益的成绩。1991年，在东京第三届世界田径锦标赛上，我国运动员在铅球、标枪、竞走、长跑等项目上均获得了令人瞩目的成绩。1992年，在第二十五届奥运会上陈跃玲获女子10公里竞走金牌，实现了中国田径运动员在奥运史上金牌零的突破。

1993年5月13日—16日，第一届东亚运动会在上海举行，在这届运动会上中国共获得29枚金牌。其中张丽荣以优异的成绩打破了女子3000米亚洲纪录。1993年8月，在斯图加特举行了第四届世界田径锦标赛，我国田径运动员的成绩为4金、

2 银、2 铜。同年 9 月 8—13 日，第七届全运会田径赛在北京举行。在此次全运会上涌现出了一大批的创造世界纪录的优秀运动员，如王军霞、曲云霞、张丽荣、张林丽、马丽艳等。

5. 新时期我国田径运动发展的成果（1996 年至今）

在 1996 年的第二十六届亚特兰大奥运会上，我国运动员王军霞在 5000 米长跑项目上获得了金牌，在女子 10000 米项目上获得了银牌，王妍在女子 10 公里竞走项目上获得了铜牌。在 1999 年 9 月的北京第七届全运会上，又有一批优秀的田径运动员取得了优异的成绩，其中，3 人 4 次超 3 项世界青年纪录；13 人 2 队 19 次超 13 项亚洲纪录，同时，王军霞被赋予了"东方神鹿"的光荣称号；32 人 6 队 46 次创 17 项全国纪录；19 人 24 次创 12 项全国青年纪录。

2000 年的第二十七届悉尼奥运会上，王丽萍获女子 20 公里竞走金牌。2001 年，东亚运动会、世界大学生运动会上，刘翔都获得男子 110 米栏冠军。2004 年，在雅典奥运会上，我国田径队一举夺得了两枚金牌，一个是女子长跑运动员邢慧娜在 10000 米比赛中获得冠军，另一个是刘翔在男子 110 米栏决赛中以 12.91 秒获得金牌。2006 年 7 月 12 日，刘翔以 12.88 的成绩创造了世界纪录。2006 年 9 月 9 日，刘翔夺冠并打破赛会纪录。由此可以看出，我国田径运动已进入世界先进列。

2012 年，第三十届奥运会在伦敦举行，尽管在 2012 年伦敦奥运会上刘翔在 110 米栏预赛中起跑后摔倒遭到淘汰，但中国在此次奥运会上仍旧取得了 1 金 6 铜的成绩。随着以苏炳添、张培萌为代表的新一代中国田径力量的崛起，再加上 2015 年田径世锦赛将在我国北京召开，相信届时中国田径军团会有更加明显的进步。

第二节　田径运动的特点与价值

一、田径运动的特点

田径运动具有显著的特点，正是由于这些有益的特点，才使得这项运动能够成为一切体育运动的基础，才能获得广泛地普及和不断地发展。

田径运动的特点很多，但为了研究方便和清楚地说明这一问题，下面就选择了田径运动中最具代表性的特点进行阐述。

（一）田径运动的基础性

田径运动中的走、跑、跳、投等运动不仅是人类生活和劳动过程中需要掌握的

9

基本技能，它也是人类最基本的生存技能。现代社会的发展迅速，也正是因为这些发展，使得很多人的最基本生存技能慢慢退化，这主要表现在人们的身体活动能力的减退。除此之外，田径运动中的运动形式还是人体运动最基本、最普遍、最自然的活动形式。田径运动包括许多的小项，其在比赛中是基础运动能力的项目，田径运动不仅要求参与者将其极限能力发挥出来，而且还要求基础体能水平要高，否则会影响技术的发挥。田径运动的胜负主要取决于时间的快慢和距离的高或远，其中最主要的是力量、速度、耐力等要素。田径运动员要想提升运动水平，提高成绩，就要首先增强自身的体力。通过田径运动的锻炼，能够使人体的生理机能、基本活动能力和适应外部自然环境变化的能力得到有效地提高，进而有利于人体体质的增强，由此也会进一步增进身心的健康程度。

（二）田径运动的竞争性

田径运动竞赛具体来说就是体能、技术和心理等方面的较量，无论是径赛、田赛还是全能项目，竞赛者要么经受住长久的时间考验，要么就在瞬间决定胜负，这就要求田径运动员必须具备坚强、果敢的意志品质。特别是在高水平的比赛中，成绩相当的运动员，短跑的胜负成败往往取决于百分之一秒，甚至是千分之一秒的表现；长跑、超长跑的比赛中，要想取得优异的成绩，就要求运动员必须具备坚忍不拔的超出常人的忍耐力；在跳跃项目和投掷项目上，不仅要求运动员的体能和技术水平、在比赛中表现水平和成绩的能力要高，而且还要求运动员要具有非常好的心理素质，否则会对成绩产生影响。除此之外，田径运动的规则要求比较严格，在这样的条件下，田径运动竞赛非常紧张而激烈，在运动员实力的竞争和较量的整个过程中都充满了激烈竞争的气氛。在这个过程中，运动员不仅要追求高、精、尖的技术动作，还要追求技术动作时效性与竞技性的有机结合，从而尽可能地达到更快、更高、更远的竞争和竞技目的。

（三）田径运动的严格性

田径运动的严格性主要是从田径运动技术层面来说的。从表面上看，田径运动的技术动作并不如体操、花样滑冰等技巧性难，其战术也不如足球、篮球、排球等对抗类复杂但是这并不能说明田径运动的技战术水平低，从技术的角度上，尽管它的技术动作并不难，但它对技术动作也有非常高的要求，即要求运动员要具有较高的技术发挥的稳定性、精确性和技术性。例如，在背越式跳高比赛中，就要求运动员技术发挥稳定，因为跳高对于运动员技术的稳定和心态的平静有着非常高的要求，每一次试跳稍有闪失，就会造成过杆失败；在跳远项目中，要求踏板要准确，否则就会导致犯规或者对成绩产生影响。田径运动中，技术动作要在短短的一瞬间达到高度的精确，并且每一个动作、身体的每一个环节、每块肌肉或肌群的用力和放松的时间与顺序都较为合理。除此之外，对运动员的技术动作产生影响的因素还有对手、观众、气候、场地条件等。要想在比赛中稳定地发挥出运动水平，取得优异的成绩，就要对其技术性有严格的要求，因此要对自身的技术进行不断的改进使其不仅与运动生物力学的合理性相符，而且还要与个人特点相结合，并形成个人的技术风格。

（四）田径运动组织的复杂性

众所周知，田径运动的项目非常之多而每个大项中又有很多小项，要想把这些看似零散的项目统筹合理、安排得当，就需要非常专业的赛事组织团队。由此便可以看到田径运动组织的复杂性。

田径运动会的特点主要表现为：项目多，参赛运动员多，运动员的组别多裁判员和工作人员多；场地大，比赛所需器材和设施多。其中比较具有代表性的项目是马拉松跑和长距离的竞走项目，这些项目的比赛路线长，观看比赛的观众多，这也就使得赛事活动组织的难度和复杂性较高。因此只有严密、严谨地来组织和安排赛事，将涉及的各个方面都考虑周全，才能筹备处以此成功的运动会，才能够为运动员提供一个发挥水平、创造佳绩的赛事平台。

（五）田径运动的广泛参与性

在我们的日常生活中，经常能够看到清晨或傍晚在路边慢走和慢跑的健身者，他们是在有意识的通过田径项目达到健身的目的，这就是田径运动的广泛参与性。毫无疑问，田径运动是参与性最为广泛，参与人数最多的运功项目。

田径运动在不同的领域发挥着不同的健身作用，自然就有不同的人群参与其中。在群众体育中，田径运动是群众健身的主要活动方式之一；在学校体育中，它是重点教学内容，受到学生的广泛欢迎与喜爱。田径运动项目之所以受到广大群众的喜爱与青睐，主要是由于其不仅针对性强可选择的余地大，而且受条件限制的因素较小，只要想锻炼随时都可以，场地可以是运动场、空地、公路、乡间小路、城市公园等。另外，田径运动的广泛参与性还体现在以下几点：

（1）田径运动对参与的人群要求较低，不同人群、不同性别、不同年龄、不同身体状况的人都可以进行田径运动锻炼。

（2）这项运动在时间、气候方面所受的影响较小，因此可以在工作之余和闲暇时间进行相关锻炼。

（3）参加田径运动健身的人还可以以自身的情况为主要依据，结合需要来对运动的量和强度进行适当、灵活地调整和控制，从而达到安全健身的目的。

还需要强调的是，田径运动几乎都属于户外活动，这样的运动环境不仅能使参与者更多地受到日光、空气等自然条件的锻炼，而且还能够使人体对外界环境的适应能力得到进一步的提高。

（六）田径运动的丰富性

田径运动是世界上各项赛事最重要的竞赛项目之一，同时也是体育运动中最大的一个项目，它包括的单项非常多，因此在任何大型运动会中。其比赛项目最多、参赛运动员最多，正因为如此，田径运动在奥运会比赛中被称为"金牌大户"，一直被各个体育强国视为最重要的奖牌争夺场。

二、田径运动的价值

（一）田径运动的健身价值

经常进行田径运动锻炼，一方面可以提高人体的走、跑、跳、投等基本活动能力，另一方面可以促进人体各器官、系统机能的发展，全面提高人的体质，促进人体健康。田径运动项目众多，不同项目的健身价值具体表现如下：

（1）短跑和跨栏跑。可以促进人体快速运动能力的发展，提高极限强度下人机体器官系统的机能水平；提高人体灵活性和柔韧素质，改善中枢神经系统控制和支配肌肉活动的能力。

（2）长距离的走跑。可以增强人体有氧运动能力，发展耐力素质，提高心肺功能。

（3）投掷项目。可以提高机体的肌肉力量，增强人体用力的能力，有效发展人体速度、灵敏等身体素质。

（4）跳跃项目。可以改善人体空间感觉机能，提高身体控制能力、平衡能，发展人体的力量素质、速度素质，提高机体的弹跳力和协调性。

（二）田径运动的健心价值

经常进行田径运动锻炼，能改善人体的心理活动、锻炼人的心理品质，具体表现在以下几个方面：

1. 提局认知能力

人体在长期参与运动后能加强对自身本体感觉的控制。运动中要求运动者对外界事物做出迅速准确的感知并加以判断，还要求在复杂多变的条件下做出相应的回应，因此需要运动主体综合运用身体各种感觉器官来感知动作形象、动作要领、肌肉用力程度、动作时空关系等，建立正确完整的动作表象。

田径运动提高个体认知能力的作用表现在两个方面。一方面，田径运动中的走、跑、跳、投等各种练习有助于发展人的运动认知和运动思维，提高人的认知能力。田径运动或简单或复杂的动作通过多次的练习，可以强化练习者对动作的空间感知和时间顺序；另一方面，长期坚持田径运动能调节大脑皮层的神经，协调中枢神经，促使大脑皮层神经过程的均衡性和灵活性加强，提高大脑皮层判断分析环境的能力，加快大脑反应，发展人的思维，从而促进入知觉能力的发展。

2. 增进情感体验

情绪是个体心理活动的核心，它影响着人的学习、工作和生活。当今社会生活节奏快、工作压力大、各种竞争加剧，要求人的心理承受负荷的能力要不断加大。面对强大的心理压力，要保持良好情绪，学会驾驭情绪是现代社会中人成熟情感的表现方式。事实表明，通过体育活动，可以改善人们的情绪状态，提高人调节情绪的能力。

田径运动增进个体情感体验的作用主要表现在，在参与田径运动的过程中，人们要不断挑战自我、和同伴竞争或合作，从而体验情感。长期坚持田径运动能够使人的情感体验强烈而又深刻，使个体在运动过程中充分体验到成功与失败、进取与挫折、欢乐与痛苦、忧伤与憧憬，从而使个体学会在积极情感和消极情感地快速进行自我情绪地转化。长期如此，有利于促进入的情感成熟和提高对情感的自控能力。

3. 培养意志品质

研究表明，体育是培养人的意志品质的有效手段之一。在体育运动过程中，个体总是不断地和各种主客观困难作斗争，例如在进行锻炼中身体负荷强度大，常常需要达到身体极限，有时还能造成心理上的疲劳，因此体育锻炼能很好地磨练人的意志品质。田径运动是体育运动的代表，因此也具有培养个体良好意志品质的功能。

田径运动培养个体意志品质的功能主要表现在，运动者在运动过程中需要顽强的毅力克服肌肉酸痛，坚持到底；需要理智地分析比赛情况，抵御环境干扰，克服抑制消极情绪；需要具备不被困难压倒，不为成功所陶醉，始终把握目标和方向。做到获胜时，不骄不躁，努力争取更好成绩；失败时，振奋精神，苦练以便于战胜自我。从而有助于培养个体不畏艰难、勇敢顽强的良好意志品质。

（三）田径运动的教育价值

首先，田径运动项目严格的规则和要求，能培养人遵纪守法、团结合作的精神，有利于提高人的责任感和集体主义思想，有利于形成正确的世界观、人生观和价值观。

其次，田径运动是各级学校体育课程的必修内容和重要教学内容，其本身就是一种教育手段，具有重要的教育意义。

（四）田径运动的社会价值

当今社会竞争激烈，要求每一个社会成员都应有竞争的观念、同时具备一定竞争能力。体育运动中的成功经验能增强人的自尊心，激起人奋发向上；体育运动中的失败和挫折能提高人的心理承受能力；体育运动中的配合和协作能增强个体与他人合作的意识，有助于培养个人的团结协作精神，提高群体凝聚力。

田径运动作为运动之母，同样能使人学会乐观、积极、敢于拼搏、富有竞争和合作意识。能让人在运动中体验成功、培育自信；能让人在失败中磨练意志，并最终提高个体的社会适应能力。

（五）田径运动的竞技价值

在大型运动会中，田径运动奖牌多，参加人数多，是一个国家竞技体育实力的重要标准之一。田径运动各个项目的竞技主要通过个人的走、跑、跳、投的角逐来比速度、力量和灵敏性，很少与他人合作，因此田径竞技结果全在于个人的努力。因此，田径运动的竞技性是发展竞技体育的重点项目，竞技价值高。

（六）田径运动的娱乐价值

参与田径运动可以愉悦身心。具体表现在以下三个方面：

（1）在学校田径体育教育中，学生通过参加以田径运动为主的游戏和比赛，可以自娱自乐，同时还可以在参加过程中改进自身技术、提高运动水平。给参与者本人以很大的心理满足，促进学生身心的健康发展。

（2）在现代田径运动赛会中，观众通过电视等多种媒体传播，观看或收听田径比赛可以起到欣赏、消遣、娱乐和振奋的作用。观看著名田径运动员的比赛更是成为人们追求的一种精神享受。

（3）在国际田径联合会开发的趣味性的田径运动中，人们可以通过充满趣味性田径比赛，体会运动带来的快乐。在德国等较发达的国家趣味性的田径运动已迅速开展起来，目前已推广到我国成为人们愉悦身心的一种体育运动形式。

第三节　田径运动在高校中的开展情况

一、高校田径运动的开展现状

田径是现代奥运会中最主要的大项，它所包含的分项和小项数量众多是一个国家竞技体育发展的重要基石。如何发展田径运动是确保我国竞技体育水平突破的关键。就目前来看，我国田径运动水平比较低。不过随着社会经济的发展，可以发现现代体育运动的发展趋势开始逐渐摆脱了以往的举国体制和专业队体制的束缚，越发向职业化和社会化发展，并且竞技体育后备人才的培养模式也开始向教育领域中的各级高等院校发展，以求摸索到一条新型的、体教结合式的田径运动发展道路。

田径运动由于其普及性较高，因此田径课程在我国高校出现的时间较早，直至今天仍旧活跃在各个高校的体育课堂上。目前，在我国高校田径运动的发展现状中，有以下几个方面属于较为有利的优势：

（1）良好的发展环境。近几十年来，我国各级学校体育教学中，田径项目占有很大的比例。而且由于组织田径活动较为便利，许多学校每年都会定期举办以田径运动为主要内容的校运会。因此学生对田径运动的了解远远高于其他人群。在日常的生活中，也能看到清晨或傍晚身着时尚运动服和专业跑步鞋慢跑的人，他们年龄跨度很大男女皆有。可以说学生与大众一起为田径运动的发展提供了良好的群众基础。同时高校学生运动员是在校大学生，在校期间必须保证基本的专业学习。必要的专业学习和高校特有的文化氛围，有利于提升运动员的综合素养和文化素质。而较高的文化素质，一方面可以拓宽学生以后的就业渠道，也有利于培养较高的技战术素养提高对比赛场上形势的判断反应能力和对训练内容与教练员指令的理解能力。国内外的经验证明，这是高水平运动员成长的必要条件。近些年来，由于高等院校在国民教育链条上较高等级的位置，高校开始有意识的建立高水平运动队，这些因素都可以有效地发挥其教育导向作用，从而带动中小学课余体育训练的进一步开展。更重要的是，这有利于进一步贯彻德智体全面发展的教育方针和推进素质教育的深化，而且这对于进一步壮大我国体育后备队伍有着决定性的影响。同时高校还可以根据其特有的资源优势。在条件允许的范围内引进国外的优秀教练员和运动员，以从外面"请进来"的方式让学生与国外先进水平接触、交流。

（2）完善的设施基础。近几年来，我国高等教育进入了一个全新的发展时期。各级院校的办学条件有了许多改善，基础设施建设得以加强。一系列的测评表明我国学生的身体素质大不如前后，国家格外重视学生的身体健康状况，更多的资金开始注人到高校体育设施建设中。开展田径运动的重要场所——体育馆，从无到有、从小到大、从综合到专业，发展迅速。加之许多地区举办大型运动会时，经常将场馆建设在高校内部也促进了高校体育设施的改善。时至今日，高校已经拥有了许多现代化的田径场馆设施，其中一些高校还专门建有室外综合性田径场，室内田径馆等设施。这都为高校开展竞技体育训练和比赛以及培养高水平高素质的竞技体育人才提供了重要的基础条件。

（3）雄厚的师资力量。高水平教练员对体育队伍建设、人才管理等方面起着至关重要的作用，这是显而易见的事情。一般情况下高校体育教师往往是以体育院校的硕士研究生为主，他们拥有较高的学历结构、雄厚的知识基础。同专业队伍的教练员相比，他们对新知识的接受能力强对于相关运动的新技术和新潮流的嗅觉更加敏锐出色的文化素质水平使他们可以与外界顺畅地进行学术交流和拥有较多的参加进修的机会。加之近年来由于高校注意吸收高水平教练员或退役运动员到高校执教，使得"理论派"教师与"实践派"教师通过交流更加良好的让知识融合，促使高校体育教师队伍水平上升很快。随着高校纷纷仿照国外名校，将高水平运动队建设作为校园文化建设的主要组成部分，可以预料，在不远的将来高校将拥有一大批高水平的教练员队伍和运动队。

（4）增强的科技优势。现代竞技体育的竞争不仅仅是运动员个人身体素质和能力的竞争，而是和一个国家的体育科技水平呈正比例紧密相关。就田径项目而言，任何技术和动作的发展都与科技发展所带来的认知水平不断攀升有关。体育科技所包含的领域很广，会涉及材料学、管理学、营养学、医学等许多领域，而不仅仅局限于训练学范畴内。

高校是我国科技人才，尤其是高科技人才的孕育器和聚集地，这会为多学科的联合协作带来极大的便利，同时高校也容易与其他科研院所协作，展开科技攻关，有利于体育科研的重点难点问题的突破。例如美国的高原训练研究基地，它就是坐落于创建在特殊高原地理环境下的科罗拉多大学。该校利用其传统的在生理学、医学、材料学等方面的研究成果，与体育进行结合，并在与高原训练相关的多个研究领域内做出了卓有成效的贡献。此外，美国高水平的田径运动员主要集中在高校，而且高校田径人才层出不穷，这与美国高校突出的体育科研优势密不可分。

几乎每个学生在各级学校中都接受过田径体育课程教育，但是我国田径的竞技水平与欧美强国相比仍旧有很大的差距。出现这种情况的问题在于，尽管我国高校开展田径运动较早，基础设施也在不断完善，但是开展这项运动的目的还仅仅停留在以田径运动作为检验学生运动效果是否达标的工具尺，如在每学期的期末测量学生 100 米跑的成绩或是铅球掷远的成绩，过分量化田径运动学习指标无益于让学生们接触田径运动而慢慢地喜欢上这项运动，而这也将会成为未来体育工作者们需要研究和改变的地方。

二、高校田径运动开展中遇到的问题

要想较为透彻地了解高校开展田径运动的现状，就不得不对其在开展过程中遇到的问题进行分析和阐述，因为高校田径运动的开展情况在很大程度上能够通过这些制约因素反映出来。高校开展田径运动过程中所遇到的问题主要有经费、训练、教学以及运动员来源这四个方面。下面来逐条分析一些这些问题。

（一）经费问题

对于整个高校体育事业的发展来说，经费问题始终贯穿始末成为最根本的制约因素。大多数高校田径运动的发展都受到经费的制约。目前，高校高水平运动队的经费来源主要是各个高校的自给自足，政府或相关部门并没有专项拨付，教育部门和体育系统对专业队也只有少量的拨款，由于体制原因企业赞助和社会赞助也非常少。由此可以看出，现在高校田径运动队还不具备资金独立、自我造血的能力。受经费问题的制约，大多数高校运动队都会出现缺乏高科技体育设施甚至体育设施陈旧、简陋的现象，如此则难以保证和提高训练水平等现象。

之所以会出现经费问题，这不仅与高校体育产业、体育环境本身的发展有关，而且还与当前高校体制改革有着非常大的关系。另外，高校的产业化和盲目综合化对高校中的各个方面都提出了较高的要求，这就需要斥巨资支撑包括硬件购入、教学管理、师资力量和校际交流在内的多种领域的基本开销，这些都较大地消耗了高校的资金，再加上体育资源在我国本来就属于稀缺资源。因此这也就决定着田径运动在非体育类高校中的开展也受到经费的制约，并且在短时间内，很难快速有效地解决。

（二）教学问题

田径运动在高校中的教学问题，主要体现在教师、学生以及社会方面。首先，教师在教学过程中起的是主导作用，对学生的学习进行指导，但是一些高校教师的责任感缺失或者不强，使得学生的学习积极性和兴趣逐渐丧失，对教学效果的取得极为不利；其次，学生是教学活动的主体，田径教学活动的顺利进行要求具备学生积极学习的前提条件，使学生在积极的学习氛围中参与田径运动教学。但是一些学生觉得田径运动消耗大，单调无趣，从内心上较为抵触这项运动；再次，现代体育运动项目种类繁多，球类、健美操、游泳等运动项目都具有极强的趣味性，可供学生选择的余地比较大，就使得学生对田径运动的注意力更少。

（三）训练问题

高校田径训练的问题主要针对那些拥有田径运动队的高校。与普通的学生相比高校运动员不仅要学习，还要承担训练任务。对于专业队运动员来说，高校运动员要想达到较高的运动技术水平，就需要多付出几倍甚至几十倍的精力和努力，高校对高水平田径运动员的训练和比赛的要求都非常严格。因此运动员在经过大强度的训练之后一定会产生疲劳，并且从他们入学的时候就知道自己的主要任务是取得好成绩，再加之训练的辛苦，自然就会对文化课的学习有一定的影响，产生懈怠心理，影响顺利毕业。

在这样的情况下，为了保证文化课的成绩，运动员往往就不能在训练上花费太多的精力和时间，这样就会使得运动员舍弃训练。两者总不能获得一种平衡。随着组建田径运动队的高校逐渐增多，这一问题的影响面也在不断增加。

（四）运动员来源问题

关于与动员来源的问题也是针对高校田径运动队而言的。任何运动的开展首先要具备一定的生源。从制度和政策上来说，我国奉行的是精英式的竞技体育体制，这样就会使还处于青少年时期的优秀运动员几乎都被省市体校或专业运动队等竞技体育系统选拔入队并提早进行了注册。这样就会使得符合条件的运动员提早被征用，从而造成大学生运动员选拔困难的现状。从高校的角度上来说，为达到短期利益最大化，高校往往会招收具有较高技术水平的省市专业运动队的退役运动员入学籍，让这些运动员代表学校参加比赛能够较快速的取得优异成绩，而这也与高校组建运动队的初衷相符，但这里面有一个问题值得，那就是专业队运动员通常年龄偏大，往往超过 25 岁，这样的年龄使得他们的发展潜力受到影响，面对成绩的压力，这类运动员的思想负担又过于沉重。因此，往往在进入大学后产生运动成绩停滞不前甚至倒退的现象，这对高校田径运动的持续发展是不利的。

根据相关的调查、统计可以得出，我国高校高水平田径运动员的生源渠道主要有三个方面：第一是普通高中生运动员；第二是各省市业余体校学生；第三是省体工队在役或退役专业运动员。由此可以看出，我国高校高水平田径运动员生源主要是普通中学的体育尖子生，但是，这些生源普遍存在着运动水平相对不高的问题。

三、促进高校田径运动发展的对策

（一）加强针对高校田径运动的宏观体制建设

高校高水平运动队的建立，不仅有利于我国建立多渠道、多层次培养体育人才梯队，而且还能够在一定程度上满足我国竞技体育培养体制改革的需要。在市场经济不断发展的前提下，为了达到满足当代体育事业发展的需要的目的，要建立起高素质、多角度、多元化的竞技体育人才培养体系，这是体育事业发展的一个潮流，而这个潮流需要通过社会对劳动就业人员综合素质要求相结合来谋求。特别是2008年北京奥运会之后，我国体育事业对高校体育发展的要求变得更高了，这也使得高校在高水平运动员的培养体系中担任着越来越重要的角色。因此，高校要加强相应的体制建设，建立健全竞技体育的管理体系，从而为高校竞技体育的可持续发展奠定基础。

（二）充分发挥"以人为本"理念的指导作用

"以人为本"的理念作为当代社会最为耀眼的核心理念，在一定程度上标志着现代人类文明的发展情况。田径运动的发展是为了进一步满足人们在健身健心方面的需要，任何事物在发展的过程中都会出现问题。在出现问题后，就要求在进行改变创新的过程中遵循"以人为本"的教学理念，有针对性地加大改革的力度。全面了解高校田径运动教学的相关内容和因素，从而使学生对田径运动的锻炼价值有充分的认识和了解，使场馆设施得到改善，为学生创制适宜学习的良好环境。除此之外，还要重视教师自身的人文素质的提高，积极创新，这样才能够为高校田径运动的整体发展起到积极的促进作用。

（三）加强高校田径运动教练员队伍建设

总的来说，优秀的田径运动员需要出色的教练才能培训出来，因此，要通过各种途径来加强田径运动教练员队伍的建设。

高校田径训练的教练员队伍可以在很大程度上对我国高校田径成绩的进一步提高起到重要的影响。教练员在田径教学训练的过程中起着不可替代的重要作用，因此，要想使我国田径运动事业得到进一步的发展，就必须首先提高田径师资队伍的质量，保证雄厚的师资力量。

当前，高校田径运动教练员队伍存在的问题主要表现在下面两点。

首先，在高水平的高校田径专项训练实践和长时期指导高水平训练的工作经历方面较为欠缺。

其次，执教经验不足、执教能力有限。

高校中有些教练员自小开始接受正规或业余田径训练，随着年龄的增长，一些运动员被选入专业队，而另一些则进入学校学习。运动员退役后被选聘到高校中担任教练员的人，他们的实战和训练经验非常丰富，但是理论方面有所欠缺；从体育学院毕业被选聘到高校中担任教练员的人，他们的理论知识和教学经验非常丰富，但是实战和专业训练技巧方面有所欠缺。

根据这些特点，高校可以更多地考虑尝试一些教学和训练分离的学练制度。这样做的目的在于尽量让不同风格的教练员发挥自身的特长，有丰富教学经验的教师去教学，有训练专长的教师去专职训练，在考核评定方面也打破统一的标准，分别设立教学和训练两方面的考核标准，这样有利于提高教学效果。

第二章 高校田径运动课程建设研究

要想促进我国高校田径教学的发展，必须要不断加强田径课程的建设与开发，而田径课程的建设与开发必须要有一定的理论做指导。本章重点阐述了高校田径运动课程内容建设及课程建设评价的理论，对田径运动课程建设的发展具有重要的指导意义。

第一节 高校田径运动课程建设的理论依据

高校田径运动课程的建设要有一定的理论作为依据，这些依据主要包括田径教学系统的构成、田径教学系统的基本特点以及大学生身心发展的基础等。

一、高校田径运动课程教学系统的构成要素

（一）学生

在高校田径教学中学生是其中最为重要的要素之一。在学生这个教学对象中，既包含体能结构、智力结构、体育知识和锻炼方法结构、运动技能结构、社会适应能力等要素，也包含学生个体的主观努力程度方面的要素，是一个既有普遍性的要素，又有特殊性的群体。

（二）教师

教师也是田径教学中重要的要素之一，没有教师就构不成教学双边关系，也形不成教学活动。教师自身包含诸多要素，既包含田径理论知识、运用教学媒体和教学方法的能力等要素，也包含教师的主观努力程度方面的要素。对教师集体来说，既有青年、中年和老年等要素，又有带头人、骨干和助手等要素。

（三）教学内容

田径课程教学内容非常丰富，在田径教学中，主要包括健康科学知识、锻炼方

法、运动技能体系，并以教材的形式体现出来。

田径运动课程教学活动的不同侧面各有很多要素。就教材本身而言，不但包含田径运动的理论知识、技能要素，还包括发展学生智力、培养体育情感、提高学生社会适应能力的要素。因此，教学内容是田径教学活动的要素之一。

（四）教学方法

教学方法是指为达到教学目的，教师和学生所采取的方法、途径、手段、程序的总和。

在田径教学中，教学方法对提高教学的效果和质量都具有重要的意义。但需要注意的是，任何体育教学方法都不是万能的，它需要教授者切实把握各种常用教学方法的功能、特点、适用范围以及应注意的问题等，并使其在体育教学实践中有效地发挥作用。

（五）教学媒体

在田径教学中，师生交换信息时承载和传递信息的工具即为教学媒体。教学媒体不仅包含文字、语言、动作示范等视觉要素，还包括记录、储存、再现这些符号的实体要素，如图片、模型、电视、录像、电影、电脑模拟等，独立成为系统。

教学活动是师生间信息加工和交换的过程，离开了教学媒体，离开了载体信息交换就会中断，也就无法进行正常的教学活动。

总之，田径教学活动是在教学目标的支配下，由以上几个要素组成的一个具有整体功能的有机统一体。由于构成要素的素质和它们的结构各异，所构成的整体功能有所差别。

二、高校田径运动课程教学系统的基本特点

田径课程教学系统非常复杂，它既有复杂系统的共同特点，又有教学活动自身的特点，这主要表现在以下几个方面。

（一）整体性特点

田径课程教学系统是一个复杂的整体，在这一整体中，各个要素之间并不是孤立存在的，也不是简单的集合，而是为了达到教学系统的基本功能而紧密联系在一起的。

田径教学系统主要包括五个构成要素，即教师、学生、教学内容、教学媒体和教学方法。其中教师是田径知识技能和锻炼方法的传授者、教学活动的组织者，离

开了教师，学生的学习就缺乏引导；而一旦离开了学生这一要素，教师也就失去了施教对象，变成了一般的传播者。在田径教学过程中，教学内容是教师教和学生学的客观依据，要借助于某些教学方法和教学媒体来传播。教学方法和教学媒体也是相辅相成、相互关联的。

以上这五个要素构成了田径教学系统的整体使得田径教学系统具有整体性的特点。

（二）动态性特点

田径教学系统的动态性主要表现在以下两个方面：第一，要求通过制订一系列的计划、条例、原则来维持体育教学系统的相对稳定性；第二，要适应环境变化的要求，创造出新的教学思想、教学方法、教学模式和教学媒体。只有这样，才能使教学系统的构成要素表现出一种动态的平衡，使教学系统在渐变中持续发展。

（三）复杂性特点

田径教学系统中的要素非常多，并且各要素之间都有一定的不确定性，这使得整个田径教学系统具有复杂性的特点。以教师和学生这两个主体要素为例，其教与学的效果取决于各自的知识、技能、传播沟通技巧、身体素质水平、社会和文化背景、教与学的态度等。其相互作用需要由一系列的教学目标、教学内容、教学原则、教学方法、教学媒体等来维系。此外，田径课程教学活动受到天气、环境的影响，运行比较复杂，这就导致教学系统的结构和运行过程也显得较为复杂。

（四）目的性特点

目的性指高校田径课程教学系统是以田径健身课程为目标的，即田径课程教学系统是为了向学生传播系统的田径与健康的科学文化知识而建立的，它对学生的身心发展和运动技能提升都有非常大的促进作用。它明确了田径课程教学的目的在于提高教学系统的有序性，使进入教学系统的各要素具有共同的运动方向，从而能有效地实现教学系统的既定功能。

（五）控制性特点

田径课程教学系统既定目标的实现是需要有协调的控制机制。因为一个系统要获得所需要的功能，维持正常运行必须对各要素进行控制。控制的基本条件是反馈，在田径课程教学系统中通过教学评价为系统运行提供反馈信息使教学系统做到有效地控制，从而实现教学的目的和任务。

（六）成长性特点

在田径教学中，需要有高水平的师资，有适应社会发展的田径课程教学内容，有体现科技水平的教学媒体，这样才能促进田径教学的发展。因此在田径教学系统中，师资水平的不断提高，学生的不断进步，教学内容和方法的不断创新以及教学媒体的更加多样化，都证明了田径课程教学系统高度的成长性特点。

（七）反馈性特点

为了让田径课程教学系统平衡稳定，保证其正常运转，系统必须具备自我调节的能力。教学系统的反馈性是指从系统的环境中所收集到的有关系统产物的信息，特别是那些与产品的优缺点有关的信息或者由系统产生的错误所导致的信息。系统是通过反馈这一环节使自己处于一种相对稳定的状态。对于田径课程而言，其产品就是教学设计方案，而优缺点则是指教学设计方案的可行性如何。

总之，田径课程教学活动是一种社会实践活动，它不仅自成系统，而且也是学校教育系统中一个子系统。田径教学课程设计是一个复杂的系统，其制约和影响因素有很多。因此，我们只有从系统理论所提供的思想和方法出发，研究其教学设计的过程，同时了解教学设计各要素的结构、功能及特点，并整合各要素的功能，深入了解各要素之间的关系并通过严密地分析和精心地策划，充分发挥各要素对课程教学设计的良性作用，才能设计出高质量的课程教学方案。

三、大学生身心发展的基础

在进行田径教学课程设置时，除了要遵循教学系统的特点外，同时还要遵循学生身心发展的基本规律，结合学生身心发展的特点进行设置，这样设计出的教学课程才能更有利于学生的发展和教学质量的提高。

（一）学生生长发育中存在的基本规律

根据生理学理论可以得知，人的生长发育是一个连续、统一的发展过程。在这一过程中，由于各种因素的影响，如社会环境、体育锻炼、遗传、营养等，必然会产生个体，但同时也遵循着共同的基本规律。青少年时期是人体素质发育的敏感时期，在青少年时期为身体综合素质打好基础对高校田径教学具有非常大的影响。

1. 身体素质发展的敏感期

青少年的身体形态随着年龄的增长而变化，但是生长发育的速度具有一定的阶段性，并非匀速上升。青少年身体机能发展和完善表现在骨骼肌肉系统、神经系统、呼吸系统以及心血管系统的功能变化上，各个系统的特点和功能都会随着青少年发育的不同阶段呈现出较大的差异。身体素质的发展随着年龄的增长而变化，表现出明显的年龄特征和性别差异。

在身体素质发展过程中，有一个素质发展敏感期。研究证实，在青少年时期，身体各项素质均有一个发育最快时期，称为"敏感发育期"。这个敏感发育期按照不同素质发展规律主要有以下几个方面。

（1）速度素质敏感期：10—12 岁。

（2）力量素质敏感期：13—17 岁。

（3）耐力素质敏感期：10 岁、13 岁和 16 岁。

（4）协调性、灵敏性、柔韧性敏感期：10—12 岁。

（5）反应速度、模仿能力敏感期：9—12 岁。

（6）跳跃耐力增长敏感期：女孩子为 9—10 岁，男孩子为 8—11 岁。

（7）背肌和腿肌力量猛增期：女孩是 9—10 岁，男孩为 9—12 岁和 14—17 岁。

（8）臂部肌肉力量增长到 15 岁就开始发展缓慢。

体形的形成发育最快时期男孩为 11 岁、13 岁和 17 岁，女孩从 11 岁起每隔两年出现一个高潮。

因此，在青少年身体素质发展的敏感期，加强对青少年身体素质的锻炼是至关重要的。选择在青少年身体素质敏感期进行锻炼，应注意以下几点。

（1）抓紧儿童身体素质敏感期的发展锻炼，让孩子能在进入高校前具备良好的身体素质，为田径运动技能的提高打好基础。

（2）在青春期除进一步加强灵敏、速度性项目的锻炼外，应加强力量素质锻炼，如做单杠的引体向上、纵跳、哑铃和投掷等。当身高增长减慢时，可逐渐增加运动负荷。

（3）耐力素质受心血管、呼吸和神经系统发育程度的制约，以肺活量来说，青春期开始以后提高得较快，16—17 岁可达最高水平，不过心肺系统从发育到健全比其他系统晚。因此，青少年时期必须注意保护心肺系统。其运动量和强度均不宜过大，以避免产生损伤，影响运动技能的提高。

（4）注意男性与女性在发育和体形方面的差异。女性身体的发育比男性早，但素质能力比男性低。18 岁以后差异会越来越明显，因此高校大学生中男女的力量素质差距会很大。所以女性应该抓紧其"黄金"时机，在进入青春期后更要重视体格锻炼，使体态更加健美。

2. 生长发育规律与田径课程设置

田径运动教学的主要手段是学生的身体练习，教学的核心是促进学生的健康、增强学生的体能，目的是培养学生的全面发展。田径作为体育运动项目的基础，其课程设计就是为了最大限度挖掘教学在促进学生生长发育、提高学生身体机能、增强学生体能等方面的有效性。因此，应该充分了解学生的生长发育规律、有机体的机能特征以及不同年龄阶段学生的身体素质特点，从而为进行具体的课程设计方案提供基础和条件。

学生的生理特点对田径课程设计有着重要影响，主要表现在以下几个方面。

（1）在对学生的学习需要和具体特征进行分析时尊重学生的生理发展特点，有利于我们准确把握田径课程教学中存在的问题。

（2）在分析、确定或创编田径教材内容时，考虑学生的生理发展特点，可以使选择的教材内容充分发挥其在体育教学中的载体作用，为教学目标和任务的完成提供条件。

（3）在制订田径教学目标、选择教学策略和安排教学的过程中，遵循学生的生理发展特点，有助于设计出适宜的教学目标、有效的教学策略以及丰富多彩的教学内容。

总之，在进行田径课程教学设计时，要认真遵循学生的生长发育规律，重视各种规律对教学的积极影响和制约。只有这样，才能设计出真正体现新课程理念、新课程目标和任务的田径课程教学方案。

（二）学生身体机能的适应规律

人体的正常发展，是人体机能适应性规律的作用和结果。身体机能适应规律不但能有效地增强体能，而且能促使有机体的运动系统、神经系统、心血管系统、呼吸系统和能量代谢系统等机能水平向着有助于健康的方向发展。

1. 身体机能适应规律的过程

在田径运动过程中，学生身体机能的适应规律一般要经历以下四个阶段。

第一阶段：工作阶段，人体内各器官机能活动和能量的合成水平提高，但体内贮备的能源逐渐被消耗。

第二阶段：相对恢复阶段，即人体机能恢复到运动前水平。

第三阶段：超量恢复阶段，即通过休息，人体能源贮备和机能都超过了原有水平。

第四阶段：复原阶段，即运动痕迹效应逐渐消失，人体机能又恢复到原有水平。

因此，依照人体机能变化的规律，在第一次运动结束后，第二次运动只有在超量恢复阶段开始，人体的机能才能得到不断增强。

当外界环境发生改变，机体内环境平衡被打破，体内的各种功能都要重新进行调整才能维持平衡，这就是生物适应过程。在田径教学中，学生身体机能适应规律是指学生在经历系统的田径课程教学和锻炼过程中，身体内部会逐渐产生一系列的化学性和物理性变化，这种变化随着经历教学活动和锻炼的时间迁移形成量的积累，身体机能对之逐渐适应，随之身体机能的适应能力也不断增强。

2．身体机能适应规律与田径课程设置

田径教学之所以能通过教学活动和锻炼对学习者的有机体进行生物改造，达到增强体能、增进健康的目的，就是因为身体机能适应规律的存在。

学生身体机能适应规律，对教学课程设计有着积极的影响，主要表现在以下两方面。

（1）在具体的教学模式、教学方法和教学手段设置时，遵循学生的身体机能适应规律，使我们所选择的教学模式、方法、手段有利于促进学生体能的增强和活动能力、健康水平和体育动作技能的提高。

（2）在进行课程设置时，准确把握学生的身体机能适应规律，有助于设置出更科学、更有效的课程方案。

（三）学生动作技能的形成规律

在田径运动中运动技能的形成是由简单到复杂的过程，并有建立、形成、巩固和发展的阶段性变化和生理规律。

1．运动技能的基本特点

（1）后天形成

运动技能是后天习得的一些简单的或不随意的外显肌肉反应，只有那些后天学得的，并能相当持久地保持下来的动作方式才是运动技能。

（2）主动操控

在运动技能的运用中，任务始动人对运动技能的运用是主动的，它主要由当前的任务所始动。也就是说，当任务需要时才表现出某种运动技能。

（3）结构恒定

运动技能在时空结构上具有不变性。从运动技能的外部结构来看，应是由若干动作按一定的顺序组织起来的动作体系。任何一种运动技能都具有在时间上的先后动作顺序和一定的空间结构。动作的顺序性是不变的。

（4）运动自动化

田径运动技能是根据动作的精确和熟练程度来决定水平高低的。熟练程度越高，运动技能越自动化和愈加完善。运动技能是通过练习从低层次的感知系统与运动系统的协调关系向高层次的协调关系发展，最终达到高度自动化和完善的熟练程度。熟练程度越高的运动技能，越能自动化地轻松敏捷且完善地完成。自动化并非没有意识的参与，只是意识的参与程度较低。运动技能的自动化成分越大或运动技能越完善，动作就越具有准确性和越少耗费能量。

2. 运动技能的形成过程

一般来说，运动技能的形成过程是一个渐进的、连续的过程，可分为泛化过程、分化过程、巩固过程和自动化过程四个过程。田径运动也是同样如此。

（1）泛化过程

在学习任何一个田径技术动作的初期阶段，都是通过教师的讲解和示范，让学生对技术动作有个初步的感性认识。此时，动作技术所引起的人体内外界的刺激通过感受器（特别是本体感觉）传到大脑皮质，引起大脑皮质细胞强烈兴奋，因为皮质内抑制尚未确立，所以大脑皮质中的兴奋与抑制都呈现扩散状态，使条件反射暂时联系不稳定，出现泛化现象。这个过程表现在肌肉的外表活动往往是动作僵硬、不协调，不该收缩的肌肉收缩，出现多余的动作。

在此过程中，教师应该抓住技术动作的重点、难点进行教学。不应过多强调动作细节，而应以正确的示范和简练的讲解帮助学生掌握动作。

（2）分化过程

通过对田径技术动作的不断练习，初学者会对动作有初步认识，一些不协调的多余动作也逐渐消除。此时，大脑皮质运动中枢兴奋和抑制过程逐渐集中，由于抑制过程加强特别是分化抑制得到发展，大脑皮质的活动由泛化阶段进入了分化阶段。这一过程中，大部分的错误动作得到纠正，能比较顺利地和连贯地完成完整动作技术。这时初步建立了动力定型。但定型尚不巩固，遇到新异刺激，可能会重新出现多余动作和错误动作。

在此过程中，教师应特别注意错误动作的纠正，让学生体会动作的细节，促进分化过程进一步发展。

（3）巩固过程

随着进一步对技术动作练习，运动条件反射系统已经巩固，达到建立巩固的动力定型阶段，大脑皮质的兴奋和抑制在时间和空间上更加集中和精确。此时，不仅动作准确、优美，而且某些环节的动作还可出现自动化。当收到外界新的刺激时，动作技术的稳固程度也逐渐提升。但动力定型发展到了巩固过程，也并不意味着一劳永逸。如果中断练习，动力定型还会消退，动作技术越复杂，难度越大，消退得也越快。所以要注意在继续练习的情况下不断提高动作质量，使动力定型更加巩固和完善。

在此过程中，教师应对学生提出进一步要求，可以指导学生进行技术理论学习，这有利于动力定型的巩同和动作质量的提高，促使动作达到自动化程度。

（4）自动化过程

随着运动技能的巩固和发展，暂时练习达到非常巩固的程度以后，动作即可出现自动化现象。所谓自动化，就是练习某一套技术动作时，可以在无意识的条件下完成。其特征是对整个动作或者是对动作的某些环节，暂时变为无意识的。

一般来说，许多运动技能需要经过多年的和大量的练习才能达到和保持自动化的水平。

3．动作技能的形成规律与田径课程设置

我国的新课程标准主要有五个部分，即运动参与、运动技能、身体健康、心理健康和社会适应。其中运动技能学习领域直接体现了田径运动与健康课程以身体练习为主的本质特征。运动技能也是实现其他领域学习目标的主要手段之一。因此，运动技能教学仍是田径课程教学的核心。

在田径课程设计中，运动技能的形成规律主要影响教学目标的制订、教学策略的选择以及教学过程的组织和实施。只有严格地遵循运动技能的形成规律才能制订出准确而适宜的知识、技能学习目标，才能设计出实用性好、针对性强的教学方法和手段，也才能较好地实施和控制教学过程。因此，田径课程设计必须遵循运动技能的形成规律。

第二节　高校田径运动课程内容的建设研究

一、高校田径运动课程内容的选择

1．田径课程教学内容选择的依据

田径运动教学内容是实现课程教学目标的手段，而不是目的。而田径教学目标多元性以及项目可替代性，使得教学内容在选择和组织上增加了许多难度。因此教师在进行田径运动课程教学内容的选择时一定要以教学目标为依据，在保证其内容的科学性和有效性的同时还要对学生和社会的实际情况进行充分认真的考虑，要做到与学校整个教育目的的一致性。

2．田径课程教学内容选择的来源

田径课程教学内容的选择的主要来源有：采纳、修改、参考上级文本的建议和规则，或者延续、改造传统教学内容。

（1）采纳、修改、参考上级课程文本的建议

①采纳上级课程文本的建议

上级课程文本是国家教育行政部门规定的统一课程和教学内容，它是国家意志的体现。其课程和教学内容是专门为未来公民接受基础教育之后应该达到的共同体育素质而开发的。上级课程文本开发的主要根据是不同教育阶段的性质与培养目标制订的体育课程标准或教学大纲以及编写的教学内容。它是一个国家基础教育体育课程框架的主体部分，具有一定的政策性和方向性，因此，在决定一个国家基础教育的体育教学质量方面起着举足轻重的作用。所以地方、学校在选择田径教学内容时，应对上级课程文本的必要建议进行采纳，但是不可以盲目照搬，需要与地方和学校的实际情况相结合。

②修改上级课程文本的规定

上级课程文本是依据整个国家或者地区的情况而制订的，用统一的角度和根据，对全国或全省进行的整体规划。因此，不可能考虑到每个地区、每个学校的具体情况。当上级文本与本地区或学校的具体情况不符合时，就应该进行必要的修改。对上级课程文本的修改范围主要包括对上级文本规定的具体教学内容、教学方法、资源配备、场地和人员情况。

上级课程文本具有很强的概括性，而对于地方和学校来说，条文细化是具体要求，因此进行细化的过程，必要的补充与修改也不可或缺。但是对上级课程文本进行修改时，要注意不能与上级的意图、重要的规定与要求相违背；不能对上级文本的精神进行曲解。

③参考上级课程文本的建议

上级文本作为统一规范，是针对整个国家、区域而定的，因此难免有很多地方并不适用。因此在上级课程文本中，会提出一些建议，这是为了给地方、学校、体育教师一些自由的空间、自由发挥的余地。各地方和学校可以对这些建议进行适当的参考。为了给地方和学校在适合地方特色和学校特点的教学内容安排上以最大的自由度，国家相关的标准和制度在教学内容实行的方式上有"开放"和"放开"的政策。当然，这些政策只是给地方和学校以参考和建议。参考时要对上级课程文本选定此教学内容的目的和意义进行充分的分析，对本学校的实际条件进行研究，避免曲解或者与其他教学内容的选择产生冲突等。

（2）延续、改造传统田径教学内容

①延续传统田径教学内容

传统田径教学内容一直作为体育运动的基础，在过去的教学内容中占据重要的地位。学校中的场地、器材等课程资源也非常丰富。对于传统田径教学内容，教师们早习惯，并且经过多年的实践总结和积累了许多丰富、宝贵的教学经验。

另外，在传统田径课程教学中，教师们大多只重视田径技术的竞技性，而忽视了健身性和其他田径功能，因此我们在教学内容选择时仍应以传统体育教学内容为主。但要结合其教育性、健身性、科学性、社会性、趣味性等内容选择。

②改造传统田径教学内容

传统田径教学内容在教学中已经根深蒂固，但是由于时代的发展，教育的改革，在某些地方（如规则、技术难度）已经不适合现代高校教育的需求。对此我们应该进行适当改造，这也是更好地发挥传统田径教学内容的优势，使其更好地为高校田径课程教学服务。我们要从规则、技术难度、趣味性等方面对传统田径教学内容进行改造。简化规则、降低难度、游戏化、生活化、实用化等是改造采用的主要方式。

3．田径课程教学内容选择的原则

（1）统一性原则

统一性原则主要是指与教学目标相统一。它是指被判断具有能完成田径课程教学目标功能的那些内容是应选的教学内容，而且所选的内容要是健康的、有教育意义的、文明的和有身体锻炼价值的，要有助于身心素质提高的内容。另外，在选用时，需要先用教学目标对所选内容进行衡量。

（2）科学性原则

科学性原则是指所选的田径课程教学内容，应是有利于提高学生的运动技能和身体锻炼的内容。科学性有两个方面的含义：第一，它要对学生的身体健康能有效地增进，有助于学生体育锻炼能力的培养；第二，它在教学环境和条件下实施时是安全的。

（3）可行性原则

可行性原则是指所选的田径课程教学内容应与本地区大部分学校的物质条件、教师能力以及学生实际情况相符合。教学内容再好、再科学，如果不与本地区和本学校的条件相符合，都不应该进行选择。

（4）趣味性原则

趣味性原则是指所选的教学内容应能使广大学生感兴趣，并能使其从中体验到运动的乐趣。学生参加体育运动学习的动机和目的之一就是体育运动的乐趣，要把握住这一点，增加田径运动的趣味性，可以选择一些田径游戏等内容。

（5）实用性原则

田径课程教学内容在选择时必须注意其内容的实用性，要具有鲜明的生活教育色彩，在充分反映社会发展要求的同时，也要适应社会发展的趋势。因此，在选择田径课程教学内容时一定要注意既要打好基础，又要选择学生感兴趣的，并有很好的健身娱乐效果的项目和练习进行学习。

二、田径运动课程内容的加工

田径课程内容，也就是教材，是教师进行教学和学生学习田径运动的载体。对课程教学内容进行加工，使其符合体育教学的目的和要求，教材化方法是一种典型方法。

（一）田径教材游戏化

在田径运动的课程教学过程中，走、跑、跳、投等运动项目都是较为枯燥、单一的，因此在作为教学内容时，需要对其进行一定的改造，而常用的方法就是游戏化的教材化方法。这种方法是将这些单调的运动项目用"情节"串联成游戏，并对协同和竞争的要素进行强化的过程。采用这种教材化的方法，可以很大程度地提高学生兴趣，而同时又不会在很大程度上改变练习的性质，依然可以很好地达到增强练习效果的目的。

（二）田径教材理性化

课程教材理性化是指通过学生对运动原理的理解，让学生达到"懂与会结合"的目的。对运动"背后"的原理和知识进行挖掘，并在探究式的教学过程中进行"编织"是其特点。这种方法的运用常常与其他教学方法相联系。如发现式、启发式的教学方法。因为它具有有利于提高学生对运动原理的理解和获得举一反三的教学效果的优点。

（三）田径教材文化化

从竞技运动中对文化的要素进行提取和强化，并在教学中让学生通过各种文化性的要素，对运动文化的情调和氛围进行体验的方法为文化化的教材化方法。动作技能的辅助教学内容比较适合采用这种教材化。适用于高中和大学的学生，对学生体育文化性质的体验和理解有着积极的作用。

（四）田径教材生活化、实用化

课程教材生活化、实用化的方法又可以分为野外化、冒险运动化、实用化和生活化等几个小的方法。

（1）野外化指的是把室内或正规场地式的竞技运动改造为野外的非正规场地式运动。

（2）冒险运动化是指增加一定的惊险性。

（3）实用化是与实用技能相结合。

（4）生活化则是指以生活的条件为根据对项目进行改造。

这种加工方法的特点是贴近学生的现实生活和实际需要，因此在传授比较实用的运动技能和学生学习动机的调动方面都发挥着重要作用。另外还可以使教材的趣味性得到增加。

（五）田径教材的简化

将正规的、高水平的田径竞技运动项目在场地、器材、技术、规则等方面加以简化，使内容适合学生、学校的条件、教学目标的需要，也适合体育教师的教学能力，使教材更实用、更有乐趣是简化课程教材加工法的特点，它是最常用的教学内容加工方法。

（六）田径教材的变形

变形课程教材加工法是指对原运动项目在基本结构方面进行改造，使其成为一种新的运动项目的教材化方法。变形的目的是更加适应田径教学的需要和学生的特点。

（七）运动处方式的田径教材

运动处方式课程教材加工是以遵循锻炼的原理为基础，对运动的强度、重复次数、速率等因素进行组合排列，并以学生不同的锻炼身体的需要为根据，组成处方来进行锻炼和教学的方法。这种内容加工法可以教会学生运用运动处方锻炼身体。

要成为一名合格的田径项目教师必须要做到提高教学质量，并认真参与田径教学内容优化加工的工作中。体育教师在进行田径教材的研究时要面临着如何赋予教材以变化和趣味性；如何对练习的次数和强度进行设计以使练习量和运动量与教学实际符合；如何组织教材中的智力因素，增加教学的知识性；如何对教材中的隐性教材因素进行挖掘，使学生的心理素质和道德品质得到有效的发展，增加教学的教育性等问题，因此要切实把握好教学内容的优化加工方式，以帮助学生确立最有效的知识传授途径。

第三节 高校田径运动课程建设的评价研究

一、高校田径运动课程教学方案的评价

（一）高校田径运动课程教学方案评价的类型及标准

1. 高校田径运动课程教学方案评价的类型

通过不同的分类标准，可以将高校田径运动课程教学评价分成不同的类型。具体有以下几种分类方式。

（1）以评价功能作为分类标准

按照评价功能进行分类，高校田径运动课程教学评价可分为三种，即诊断性评价、形成性评价以及总结性评价。具体如下。

①诊断性评价

诊断性评价亦称前置评价，具体是指在高校田径运动课程教学评价之前，通过对学生的整体情况进行测试并确定其现状，来评判是否符合实现教学目标所要求的基本条件，从而为高校田径运动课程教学决策提供依据，以保证所进行的高校田径运动课程教学活动符合学生实际情况。这里所说的"诊断"主要包括两方面内容：一方面是验明缺陷和问题；另一方面则是对各种优点和特殊才能禀赋的识别。由此可以看出，诊断性评价是为了能够设计出适合尽可能多的学生的教学方案，并且使学生能够从中获得最佳的学习效果。

②形成性评价

高校田径运动课程教学活动的过程中，为了达到更好的高校田径运动课程教学效果而连续进行的评价，即为形成性评价。形成性评价对于教学成效以及学生的具体学习情况具有非常积极的促进作用，有利于高校田径运动课程教学工作的及时反馈、调整以及改进。形成性评价是高校田径运动课程教学设计活动中最主要的评价形式。除此之外，在高校田径运动课程教学质量方面，形成性评价的实际意义更为重大。形成性评价更能体现融入教学、服务教学的特点。因此，应将形成性评价作为一个重点来抓。

③总结性评价

总结性评价又称后置评价，与诊断性评价相反，通常在教学活动结束后进行。总结性评价的主要目的就是对活动的最终效果进行有效的把握。比如，在高校田径运动课程教学活动中的学期末或学年末的体育考核、考评，就是总结性评价，主要是为了对学生学习结果是否符合教学目标进行检验。教与学的结果是总结性评价注

重的主要方面。

（2）以评价基准作为分类标准

按照评价基准进行分类，高校田径运动课程教学评价可分为三种类型，即相对评价、绝对评价和自身评价。具体划分如下。

①相对评价

在被评价对象的群体或集合中建立一定的基准，然后将要评价的这些对象与此基准进行一一的对比，通过对比的结果来评判这些对象优劣的方式，即所谓的相对评价。通常，所建立的基准都是群体的平均水平，通过对比对被评价对象在整个群体中的位置进行评判。而在高校田径运动课程教学评价中对学生田径运动成绩的评判基准即为群体的平均水平，通过将个人成绩与基准进行对比来评判该学生在群体中所处的位置。常见的相对评价主要有体质评价、体育锻炼标准的达标等。

相对评价的优势之处在于其适用面较广，甄别性较强。

相对评价的不足之处在于其评价基准的稳定性较差，并且由于时刻变动，评价标准较容易脱离田径运动教学目标，从而对高校田径运动课程教学评价的改进和完善意义不大。

②绝对评价

以高校田径运动课程教学目标为依据，以高校田径运动课程教学设计方案、教和学的成果为评价对象的评价，即为绝对评价。一般而言高校田径运动课程教学大纲以及以此为依据而制订的"评判细则"都可作为绝对评价的标准。

绝对评价的优势主要体现在以下两个方面：首先，具有比较客观、稳定的评价标准，能够使评价者充分了解自己的位置，并不断改进；其次，有利于高校教学管理部门对田径运动课程教学目标的达成情况有清晰的了解，从而更有利于灵活调整工作重心。

绝对评价的不足之处在于其容易受主观因素或刻板原因的影响，较难保持客观性。

③自身评价

所谓自身评价，就是评价者将自身的过去、现在以及各个方面相互对比。从而得出自己切身情况的变化规律以及能力变化的趋势的评价。

自身评价的优势之处在于注重个性，由于评价者对自身较为熟悉，因此，评判结果通常会较为客观、实际。

自身评价的不足之处在于其仅仅只是自我剖析对比，没有外部的对比对象，难以评判自身在群体中的位置，自身评价常常与相对评价相结合使用。

（3）以评价内容作为分类标准

按照评价内容进行分类，高校田径运动课程教学评价可分为两种类型，即过程评价和结果评价。具体分类如下。

①过程评价

在高校田径运动课程教学过程中，以达到高校田径运动课程教学目标的方法和手段为评价对象的评价，即为过程评价。例如，某高校要完成田径运动课程教学目标，那么是用竞赛法好一些呢，还是用游戏法好一些；如果想要完成某个动作技能的教学，那么是用分解法好一些呢，还是用完整法好一些等。由此可以看出，高校田径运动课程教学的过程评价的应用范围十分广泛，其不仅能够在完成还需要修改的形成性评价上应用，还可以在完成客观因素的总结性评价上应用。

②结果评价

所谓结果评价，即对高校田径运动课程教学活动实施后的效果评价。在高校田径运动课程教学过程中，某高校田径运动课程教学方案的实施效果或某计算机辅助高校田径运动课程教学软件的使用价值，都属于结果评价。

（4）以评价分析方法作为分类标准

按照评价分析方法进行分类，高校田径运动课程教学评价可分为两种类型，即定性评价和定量评价。这也是高校田径运动课程教学评价过程中最常用的一种分类方法。具体分类如下。

①定性评价

所谓定性评价，是指以达到指标体系中项目要求的程度或各种规范化行为的优劣程度来表达的标准，一般用评语或符号来表达在高校田径运动课程教学评价，常见的定性评价主要包括常用评语描述评价对象达到什么程度为好等。运用各种方法对评价进行较为深入、细致的分析，是定性评价的重点，其常用的方法主要有分析和综合法、归纳和演绎法、比较和分类法等几种。

②定量评价

将统计分析、多元分析等方法作为主要手段，通过对评价资料进行"量"的分析，来对所获得的数据和资料作出定量结论的评价，即所谓的定量评价。定量评价与定性评价二者的评价标准是不同的。定量标准在评价结果的精确性和客观性提高的方面是有非常积极的促进作用。

定性评价和定量评价二者之间的关系较为密切，在高校田径运动课程教学过程中，二者互为补充相得益彰。另外，为了能够获得较为理想的教学效果，达到预期的教学目标，可将两者结合起来使用，切忌忽视任何一方。

2．高校田径运动课程教学方案评价的标准

高校田径运动课程教学方案的评价内容主要包括对教学目标、教材内容、教学模式、教学策略、课程的类型和结构、学习者以及学习需要等内容的评价。不同的评价内容均有各自不同的评价标准，具体评价标准如下。

（1）评价高校田径运动课程教学目标的标准主要有两方面：一个是高校田径运动课程的教学目标；另一个是教学对象的特点和学习需要。

（2）评价高校田径运动课程教材内容的标准主要有两个：一个是高校田径运动课程的教学目标；另一个则是高校田径运动教材的分析中呈现的功能。

（3）评价高校田径运动课程教学模式的标准主要有两个：一个是高校田径运动课程的教学目标；另一个则是大学生田径运动学习者。

（4）评价高校田径运动课程教学策略的标准主要有三个方面：一方面是方案中所采用的教学策略是否能有效达到教学目标；一方面是是否符合大学生田径运动学习者的特点；还有一个方面是是否适合该高校田径运动课程的教学内容。

（5）评价高校田径运动课的类型和结构的标准主要就是高校田径运动课程教学目标。

（6）评价大学生田径运动学习者的标准主要有三个方面：一个是学习起点；一个是一般特点；还有一个是学习风格。这三个方面都是高校田径运动课程教学对象应具备的条件。

（7）评价大学生田径运动学习者的学习需要的评价标准主要有两个方面：一个是高校田径运动课程教学目标与高校田径运动学习者目前的课程教学过程的标准是否为高校田径运动课程教学过程所呈现的分析结果；另一个则是设计结果的整体功能是否大于部分功能之和。

（二）高校田径运动课程教学方案评价的实施过程

高校田径运动课程教学活动中教学评价的实施过程是由确定评价目的、成立评价小组或评价机构、制订教学评价的标准和指标体系、收集评价信息以及判断评价结果五个步骤组成的。具体实施过程如下。

1. 确定高校田径运动课程教学评价的目的

任何一种活动的开展，都具有一定的目的性，当然，高校田径运动课程教学评价活动也不例外，其必须在活动目的的指导下，才能顺利开展。因此，了解高校田径运动课程教学评价的主要目的，是高校田径运动课程教学评价的首要问题。由于0 的具有指导作用，因此，不同的评价目的也就决定了评价在组织形式、内容和方法上的不同。比如，在高校田径运动课程教学评价活动中，以评选优质田径运动课为目的，这就决定了相应的教学方法为终结性评价，强调的重点则是评价的鉴定性、区分性、甄别性；如果是为了全面评价体育教师的自身修养与素质、专业水平以及教学能力等方面，就需要运用听课、向学生发问卷以及与体育教师交谈等多种方法来进行评价，诊断性和改进性是该项评价活动的重点。

2. 成立高校田径运动课程教学评价小组或评价机构

在高校田径运动课程教学中，评价小组或评价机构的成立需要建立在充分了解的基础上，并且需要根据评价的目的来确定评价小组或评价机构组成的性质和规模以及人员组成。根据田径运动课程教学目的的达成情况，可以将所设的评价机构定为长期的、稳定的，也可以只是暂时的、临时的。这个并不重要，重要的是无论什么样的机构都必须具有一定的权威性。通常组成评价机构的人员都是专家和分管领导。一旦高校田径运动课程教学评价小组或评价机构建立起来，就必须对全部评价工作的组织领导负责。

3. 制订高校田径运动课程教学评价的标准和指标体系

在确定了高校田径运动课程教学评价的目的之后，接着就需要对评价目的进行详细的分析，即确定要解决的问题。要做好这一工作，要求必须制订科学、合理的评价标准和指标体系。对评价指标的充分考虑和认识以及实事求是、从实践中获取统一尺度，是评价者制订合理的高校田径运动课程教学评价标准和指标体系的重要前提。此外，高校田径运动课程教学评价体系的建立，需要一定的流程。其建立步骤主要包括以下几点：先确定一级指标，然后再往下分解，将一级指标分解成二级指标，再将各个二级指标分解为再下一级指标，即三级指标。这样，就构成了一个较为科学、合理的高校田径运动课程教学评价指标体系。

4. 收集高校田径运动课程教学评价的信息

有针对性地收集高校田径运动课程教学评价信息，对于保证田径运动课程教学评价信息的科学性和有效性具有积极的作用。收集信息是高校田径运动课程教学评价实施阶段的重要环节，而收集信息的方法和过程则决定了所获取信息的可靠性和有效性。因此，要有针对性地选择科学、合理的收集信息的方法。常见的信息收集方法有以下几种。

（1）观察法

观察法是收集高校田径运动课程教学评价信息的主要方法之一。所谓观察法即评价者以评价对象的特点和指标内涵的要求作为主要依据，通过自然观察法或者试验观察法进行有目的、有计划地观察，并根据需要获取一定评价信息资料的方法。看和听是观察法得以运用的主要途径，此外，观察法还可借助一定的辅助工具，如相机、录像机等进行。观察法的重要特点就是适用面广，收集资料的机会较多，据资料显示，目前观察法的运用范围涉及评价对象的行为表现、情感改变和意志特点等方面。

（2）测验法

在高校田径运动课程教学中，测验法也是收集评价信息的一种重要方法。所谓测验法，即以评价内容编制一定的等级量表和标准的试题为依据，来进行用评价信息收集的方法。测验要能提供足够的资料来反映学生对田径运动课程特定教学目标的达标情况，而这些资料必须是一致的、稳定的。

测验法的应用范围为易量化的评价对象和形成性评价。在高校田径运动课程教学评价活动中，对学生的人格特征状况、学生所掌握的田径运动知识和技能的情况、学生的心理发展状况、学生各项能力的发展状况、教师教学效果等信息资料的收集，都属于测验法的应用范围。

（3）问卷法

问卷法是一种能够在短时间内大量收集高校田径运动课程教学评价信息的重要方法。所谓问卷法，即通过对评价对象进行书面调查而获取评价信息的方法。一般来说，问卷法较适用于一些范围较广的问题，运用问卷法可以进行大面积调查，而且能够在较短的时间内获取大量的信息资料。问卷法可以通过一些传播途径向调查对象进行间接问卷调查，也可以由调查者直接向调查对象问卷。但是，需要注意的是，问卷的编制要求很高，只有科学合理的问卷内容才能够成功获取所需的调查资料，实现理想的问卷效果。因此，在运用问卷法收集高校田径运动课程教学评价信息时，问卷的设计一定要科学、合理，且具有较强的针对性。

（4）文献资料法

文献资料法也是收集高校田径运动课程教学评价信息的重要方法之一。所谓文献法，即以查阅与评价对象有关的文字记载的材料为途径收集评价资料的方法。高校田径运动课程教学计划与总结、田径课程教案、田径课教学进度、学生考试问卷等各种数字资料与文字，都属于文献内容。运用文献资料法的途径也比较灵活，既可以以几种文献相互印证，也可与其他收集信息的方法结合使用。但是需要注意的是，查阅文献必须与所需的评价内容相关，否则查阅资料就失去了意义。

（5）访谈法

访谈法是一种直接收集信息资料的方法，是评价者按照确定好的访谈提纲，以直接的面对面形式或组织较为规范的座谈会等形式而进行的。在高校田径运动课程教学评价中，访谈法的运用比较灵活，对文字要求能力也较低。另外，访谈法的适用范围主要是评价对象的心理状态。运用访谈法时，要想深入细致地对评价对象进行深层次的了解，可以对访谈对象做出分类，从而将评价对象的心理适应状况作为出发点，进行相关信息资料的收集。

5．判断高校田径运动课程教学评价的结果

对收集到的关于高校田径运动课程教学评价的资料进行筛选、加工、处理，并判断评价结果，是高校田径运动课程教学评价实施的最后一个步骤。在高校田径运动课程教学评价过程中，不仅要综合判断评价结果、详细分析评价对象的优缺点，而且还要总结出其原因，并提出相应的解决办法。如此，才能够对评价对象形成激励作用，从而最终提高高校田径运动课程的教学质量。判断高校田径运动课程教学评价结果的程序主要包括以下几点。

（1）对评价结论、意见或建议等进行有效反馈

在反馈田径运动课程教学评价的结果时，为了能够使评价者与评价对象展开充分的交流，最好能够使评价者和评价对象面对面地进行交流。评价结束后，为了更好地落实改进措施，评价者需要对评价对象进行定期回访。

（2）评价评价活动本身的质量

对评价活动质量做出的评价，其主要是为总结评价的经验教训、修改评价方案提供相关依据。

（3）撰写评价报告

评价报告是对本次评价过程和评价结果的总结。评价报告的内容较为丰富，且具有很强的条理性。评价报告的主要内容包括：评价目的，评价组织、机构及评价人员构成等基本信息；评价方案制订的主要依据及指导思想；评价实施过程，包括评价时间安排、评价准备阶段的工作与效果、实施阶段信息收集的情况；评价结果，首先要对各项指标的评价结果进行分述，然后再写综合性结论；评价对象对评价的意见；本次高校田径运动课程教学评价的总结。评价报告完成之后，要将评价的结果反馈给有关部门与人员，并建立评价档案，并对评价资料进行合理分类归档。

（4）对评价实施过程中方案的缺陷进行修改和调整，以尽量减小误差

在高校田径运动课程教学评价工作中，无论设计了多么尽善尽美的方案，都不可能完全实施，都会存在一定的差别，因此，尽可能地减少评价活动本身的误差是高校田径运动课程教学评价工作的最主要问题。而要尽可能地控制误差，则需要做到以下几点：首先，要以机制为依据，规范评价者的行为，必要时要综合众人的意见进行综合处理；其次，要对测评工具的信度和效度进行最大程度的提升；第三，增强评价资料收集手段、层次的多元化，提高资料的代表性、真实性；最后，要通过对评价对象一些可被控制的方面进行有效控制，进而保证反映情况的全面性与真实性。

二、高校田径运动课程教学方案实施过程和结果的评价

（一）制订田径运动课程教学方案

1．确定收集资料的类型

在试用高校田径运动课程教学设计方案阶段应收集以下两类反馈信息（表2-1）

表2-1　两种反馈信息类型的具体情况

反馈信息类型	主要目的	表示方法	数据来源	备注
学生的田径运动的学习成就信息	了解学生达到高校田径运动课程教学目标的程度	数据	对学生的一系列测试、操作、观察、作业等	在收集反馈信息时，至少应用两种评价工具，以保证收集可靠的信息和足够的信息量
高校田径运动课程教学过程信息	了解体育教师在试用田径运动课程教学设计方案中的问题	数据	对高校田径运动课程教学活动展开的观察和学生在高校田径运动课程教学过程中的反应	

2．制订评价标准

在解决了收集哪一类型信息的问题之后，接下来就需要建立解释这些信息的标准，换言之，就是高校田径运动课程教学设计方案的评价标准。由于高校田径运动课程教学设计方案的评价指标的本质是高校田径运动课程教学设计方案所有评价因素的集合，因此，在制订高校田径运动课程教学设计方案的评价标准时，必须充分考虑到这些评价因素的主次关系，并对这些因素进行定量赋值或定性描述，如此才能较为准确地将评价标准确定出来。由此可以得出，采用百分制、等级制等定量与定性相结合的方法，有利于高校田径运动课程教学设计方案评价标准的制订。

一般情况下，高校田径运动课程教学设计方案的评价标准主要有以下几点。

（1）教学目标的评价标准：不仅要恰当、具体，还要符合《体育与健康课程标准》的要求，与学生的实际情况相吻合。

（2）教学内容的评价标准：选择恰当，安排合理。

（3）教学方法的评价标准：对于学生学习的主动性和积极性的调动有积极的促进作用。

（4）教学过程设计的评价标准：归纳为三大"符合"，即与学生学习规律相符合、与人体生理机能活动能力变化的规律相符合、与学生身心发展的规律相符合。

（5）教学形式的评价标准：符合教学要求。

（6）教学活动的评价标准：体现"以学生发展为本"。

（7）教学媒体的评价标准：选择适当，使用有效。

（8）教学效果的评价标准：效果一定要好。

3．选择被试人员

高校田径运动课程教学设计方案与一般的设计方案有一定区别，专门人员设计的高校田径运动课程教学设计方案不能随便将参加的教师或学生定位为被试人员，而是应该有针对性地选择相对较为合适的被试人员。

在对高校田径运动课程教学设计方案进行形成性评价时，只能在学生和教师中间挑选少数的一些样本来作为实验的对象，而不是将所有的学生和教师都拿来做实验。但是，在选择这些样本时，不是随意抽取的，而是选择那些具有较强代表性的样本。就学生而言，就要求他们必须具有处于日常状态的认识水平和能力，换句话说，即不能只选择某一层次的学生，其选择的被试学生应是每个年级的，且具有不同层次水平、能力。通常，会采取随机抽取一定的被试人员后，再根据具体情况稍作调整来确定被试人员。此外，所挑选的被试人员的语言表达能力一定要强。

除此之外，所选择的被试人员的数量应适当，不能太多，也不能太少。否则容易造成大量时间和精力的浪费或者会影响方案价值的充分体现，这些都会导致达不到理想的试验效果。以样本的试验来概括总体，多多少少总会存在一些误差，因此，当进行一些重要的课程教学设计方案评价时，应尽量增加选取样本的数量，以提高试验的准确性，从而尽可能地减小误差。

4．阐明试用设计方案的背景条件

在高校田径运动课程教学设计评价过程中，试用设计方案的背景条件主要包括设计方案的一些前提条件和设计方案试用过程的开展情况两个方面的内容。

一方面，设计者应说明的一些前提条件，如进行试用高校田径运动课程教学设计方案的具体条件是什么，应具备或提供什么条件优势，并将受到什么样的条件限制等。

另一方面，高校田径运动课程教学设计方案的试用过程如何开展。如以什么样的方式开始、以什么样的方式结束、中间要经历哪些环节、各个环节之间应该如何排列和衔接、学生和教师需要做哪些事情等，这些问题都需要进行明确说明。

5．评价方法的选择

资料的收集需要采取一定的方法才能更加快速和有效。在高校田径运动课程教学设计方案的形成性评价中，常采用测试、调查和观察三种评价方法。

（1）测试

测试是高校田径运动课程教学设计方案常用的一种评价方法。通过运用相应的一些器材、方法，并设立一些相应的试题或项目要求来对学生的行为样本进行测量的系统程序，即为测试。测试这种评价方法的适用范围较广，如收集认知目标、动作技能目标等方面的学习结果资料，即平时的考试、达标等。

（2）调查

调查是高校田径运动课程教学设计方案常采用的评价方法之一。调查这一方法主要包括两种具体的方法，即问卷法和访谈法。问卷法是以书面形式间接地向学生提问一些需要获取信息的问题，并且从所获取的答案中获取有效信息的方法。访谈法则是以面对面的形式或座谈的形式来直接获取信息资料的方法。调查的适用范围主要是收集情感目标的学习结果资料。

（3）观察

高校田径运动课程教学设计方案评价也常常采用观察这一评价方法以达到某种评价目标为主要目的。通过体育教师对学生的行为和所处的环境进行仔细地观察，并将所观察的内容记录下来，从而获取必要资料的方法，即为观察。观察的适用范围主要是收集动作技能目标的学习结果资料，平时所采用的技评就是观察的一种形式。

此外，调查和观察的应用范围还涉及收集高校田径运动课程教学过程的各种资料方面。关于学生、体育教师和管理人员对高校田径运动课程教学的反应资料的收集，常常采用调查的方法；而关于高校田径运动课程教学设计方案的使用是否按预先计划进行的资料收集，则主要采用观察方法。

在关于高校田径运动课程设计方案的形成性评价所需收集的资料中，人们较为关注的是其学习结果资料，不仅因为它所涉及的面比较广、信息量比较大，而且还因为它与总结性评价所借助的评价方法是通用的。表 2-2 较为清晰地对获取课程教学目标的学习结果资料与适用的评价方法的对应关系进行了详细展示，在选用高校田径运动课程设计方案的评价方法时，我们可以以此作为参考标准。

表 2-2 教学目标与评价方法的关系

高校田径运动课程教学目标	评价方法
知识	各种客观测试、标准测试
理解、运用、综合	测试、问题情境测试、面谈调查
创造力	测试、问题情境测试、面谈调查
鉴赏力	测试、问卷调查、面谈调查
体能	达标测试、体格检查、观察
心理品质	观察、调查
动作技能	技能测试、达标测试
态度、习惯、社会适应性	观察、面谈调查、问卷调查

（二）收集和分析田径运动课程教学方案评价资料

关于高校田径运动课程设计方案评价资料的收集和分析，前者是手段，后者是目的，但是二者几乎是同时进行的。即对已制订的高校田径运动课程教学评价方案进行试教，在试教的同时进行观察。如果较为重视评价资料的收集和分析，则可请专人进行观察，并对这一过程进行录像和记录。评价资料的收集和分析工作的步骤如下。

1．向被试者说明须知

在高校田径运动课程教学开始之前，要使被试者对高校田径运动课程教学设计方案有一个大致的了解。例如，该方案试用的目的是什么；试用活动的程序和试用所需的时间；被试者将会进行活动的类型以及活动中的相关注意事项；哪些资料是需要收集和分析利用的；试验时应持什么样的态度以及如何反应等。

2．试行教学

对于高校田径运动课程教学而言，试行教学是具有试验性质的一种收集和分析评价资料的方式。同时，可复制性也应是试行教学的特点，也就是说，已经试用的教学方式对其他学生也同样是适用的。而且，只要他们保持与日常学习相近的状态，其所获得的教学效果也会接近常态。此外，典型性也是试行教学的重要特点之一，具备这一特点就会使得推广价值得以实现。高校田径运动课程教学活动的背景要以客观为主要依据，不要以人为设置来取代，否则就会造成为试用而试用的不良氛围。

3．观察教学

观察教学是高校田径运动课程教学评价资料的收集和分析的一种重要方法。在试行高校田径运动课程教学的同时，应做好观察工作，比较重要的教学情况则需组织部分评价人员在适当的地方对田径运动课程教学过程进行详细的观察，并根据一些具体的情况进行有针对性的记录。以下是观察教学需要做记录的几种情况，可为高校田径运动课程教学提供参考。

第一，不同项目课程的教学活动共用了多长时间。

第二，体育教师指导各项项目课程教学内容的学习方式主要有哪些，哪些较为合适。

第三，学生提出的问题主要有哪些，这些问题具有什么样的性质，问题的类型具体有哪些。

第四，体育教师对这些问题的处理方式是什么。

第五，在各项目课程教学的各阶段中，学生各方面的变化如何，如注意力、主动参与性、思维活跃程度、情绪反应等方面的具体变化如何。

第六，要对学生在课内完成的练习情况有一个较为详细的了解，并据此来对学生所学内容的掌握程度进行合理评价。

4.后置测试和问卷调查

在完成高校田径运动课程设计成果的试用和观察工作之后，接下来通常需要及时进行某种形式的测试和问卷调查。而测试和调查的工作内容是不同的。测试工作的主要内容是对学生的学习结果资料的收集；而调查工作的主要内容则是对有关人员对高校田径运动课程教学过程的意见的收集。

（三）整理和分析田径运动课程教学方案评价资料

将收集到的关于高校田径运动课程设计方案的资料，通过观察、调查和测试等方法所得的评价资料，进行有目的的整理和分析，从而得出高校田径运动课程设计方案的评价结果。

分析的具体内容是将各类数据与评价标准进行比对，并对对比出的各种现象及其之间的相互关系进行考察。在初步分析完资料之后，往往会发现一些较为重要的问题，这就需要对这些问题进行较为恰当、合理的解释。例如，高校田径运动课程教学设计者可以根据这些发现的问题向教育学、心理学等相关学科方面的专家、学者详细咨询，以通过他们的帮助对初步分析所得出的结果进行验证和确定，从而保证分析结果的客观性、正确性和科学性。在上述步骤完成之后，就可将初步分析结果与专家、学者的评论结果综合起来，进一步深入分析评价资料，从而为修改方案做好准备。

（四）形成田径运动课程教学评价结果的报告

对于较为重要或较为复杂的高校田径运动课程教学设计来说，评价结果的报告是不能省去的，而一般的课程设计有无评价结果报告均可。在高校田径运动课程教学中，由于较为重要或复杂的课程设计方案不一定马上就能进行修改，或者修改工作由其他人来做这都使得设计方案的试行和评价的有关情况与结论有一定的保留，否则会随着时间的推移将这些结论遗失，这也就是将这些试行和评价的有关情况和结论形成书面报告的原因。

高校田径运动课程教学设计方案的评价结果形成书面报告，其内容主要包括：高校田径运动课程教学设计方案的名称和宗旨、使用的范围和对象、试用的要求和过程、评价的项目和结果、修改设计方案的建议和措施、参评者的名单和职务以及评价的时间等。评价结果的书面报告应包含以上各项内容同时还应做到简明扼要，而涉及的其他具体资料可在报告的附件中呈现出来。

（五）修改和调整田径运动课程教学方案

在高校田径运动课程教学过程中，只有在分析、综合中不断对高校田径运动课程教学设计方案进行修正和完善，才能获得较为理想的设计方案。通常，一名体育教师会同时带一个年级的好几个班，在对这几个班进行统一教学的过程中，就可以对教学方案进行不断地调整与完善。可以将教师在第一个班级进行的课程教学理解为对第二个班级开展课程教学前的试教。在这一试教过程中出现的问题以及教学重点，可在田径运动教学结束之后进行及时评价，并有针对性地对高校田径运动教学设计方案进行调整和修改，以使在第二个班级的教学过程中取得更好的教学效果。依此类推，在两个班级的田径运动课程教学结束之后，要对修改过的田径运动课程教学设计方案再进行一次评价，进一步调整和修改，从而使该教学设计方案更加趋于完善。以便为今后进行同一内容的田径运动课程教学做好充分的准备。

在高校田径运动课程教学中对于一般的课程教学方案已是如此，对于更加重要的田径运动课程教学观摩和田径运动课程教学评比等，就更加需要对其不断地修改和完善。正因为如此，我们更需要对高校田径运动课程教学设计方案的修改和调整持重视的态度。

对于高校田径运动课程教学设计方案评价的修改和调整，主要分为两个方面：其一，要看课程教学设计方案在原则上是否正确，即是否需要对其进行重新设计；其二，在负荷原则的基础上，对课程教学设计方案中的个别问题进行修改和完善。

一般来说，高校田径运动课程教学设计方案需要进行重新设计的情况有以下几种，只要教学设计方案符合下面中的一条，就需要进行重新设计。

（1）高校田径运动课程教学目标与《体育与健康课程标准》不相符，或者与学生实际不相符。

（2）尽管高校田径运动课程教学目标正确，但高校田径运动课程教学过程设计的各项内容达不到高校田径运动课程教学的目标。

（3）高校田径运动课程教学内容的选择和安排以及高校田径运动课程教学过程的设计，这两方面不符合人体的生理机能活动能力变化规律，不符合人体机能适应性规律，不符合学生的学习规律以及身心发展规律，且不能够积极调动学生学习的主动性和积极性。

如果高校田径运动课程设计方案均没有出现上述原则性问题，则说明该方案在原则上是没有问题的，只需要对个别方面进行适当的修改和调整即可。就目前对高校田径运动课程教学设计方案的研究水平来说，关于设计方案的评价方面的问题都是在高校田径运动课程教学的不断发展和完善中发现的，由于目前对高校田径运动课程教学设计方案的评价研究还不够成熟，评价标准也需不断改进，因此这里所指的均为相对的评价研究和评价标准。

近几年来，在高校田径运动课程教学过程中，课程设计教学评价的方式也越来越多，其常用的评价方式主要有多元评价、过程评价和奖惩性评价相结合的评价方式等几种，具体应结合高校田径运动课程教学实践，有针对性地选择运用。

第三章　新时期高校田径运动课程教学改革与发展

高校田径运动课程教学要想取得更好的效果，必须进行不断的改革与发展，这也是事物发展的规律决定的。本章对高校田径运动课程教学改革与发展进行研究，主要涉及高校田径运动课程教学改革的现状与对策、新理念以及发展趋势等内容。

第一节　高校田径运动课程教学改革的现状与对策

一、高校体育教学改革概述

（一）高校体育教学改革的任务

1. 对教育观念进行改革

改革教育观念，意思就是要使与新课程相适应的体现素质教育精神的教育观念得到真正的确立。对于行动来说，观念就是灵魂，因此教育观念能够对教学起指导和统率的作用，一切先进的体育教学改革都是从新的教育观念中产生出来的。通过不断研究可以证明，教育观念的束缚是所有的体育教学改革的困难来源，而新旧教育观念斗争造成了所有的体育教学改革的尝试。所以对于体育教学改革来说，新的教育观念的确立就是其首要任务。不对教育观念进行转变，也就谈不上体育教学改革，主要教育观念一转变，许多困难也就迎刃而解。当前的高校体育教学仍然笼罩在应试教育的阴影之下，而在应试教育观念尚未获得根本转变的情形下，学校所实施的体育教学改革也由此变得缺乏成效或事倍功半。所以在进行高校体育教学改革的进程中，一定要注意组织学习与培训，开展反思与讨论，提高认识，强化责任，来一次教育观念的"启蒙运动"，把素质教育的要求和新课程作为教师教育思想观念统一的方向。

2. 使教学方式和学习方式的转变得到推进

教育学家认为，先进的教育方式通常会体现出先进的教育观念，同时，教育观念本身的转变也要在教育方式转变中进行，此二者是相辅相成的关系。教育观念不进行转变，教学方式的转变也就失去了方向，失去了基础；教学方式不转变，教学观念的转变也就没有了归宿，没有了落脚点。因此，体育教学改革不仅要对观念改革的先导作用进行重视，而且还要对方式改革的载体作用进行重视。从新课程体制下的体育教学改革方面来说，进行高校体育教学改革不仅要使教师的教育观念得到改变，而且还要使他们每天都在进行着的习以为常的教学方式和教学行为发生改变。这是十分困难的，因为这几乎是对教师习惯了的生活方式的改变。从这个角度来说，体育教学改革也是一场攻坚战。从教与学关系的角度来说，教师教育观念、教学方式的转变最终都要落实到学生学习方式的转变上。而学生学习方式的转变又将会牵引出思维方式、生活方式甚至生存方式的转变，从而提高学生的自主性、独立性、能动性和创造性，使其因此得到真正的张扬和提升。

3. 对教学管理制度进行重建

在教学观念和方式转变的同时对教学管理制度进行重建是新课程体育教学改革的重要任务之一。其原因在于教育思想观念的更新、教学与学习方式的转变需要相应的教学管理制度为其保驾护航。从学校教育的内部结构来说，落后的教学管理和评价制度是更新教学观念、转变教学方式的最大阻力的来源。在传统的应试教育下，教师无法形成素质教育的思想观念和行为方式，所以对于新课程和体育教学改革，教学管理和评价问题往往是教师反映最强烈的。建立与新课程、新教学相适应的新管理、新评价也是教师更加盼望、呼吁的。当然，应该注意的是，教学管理制度的重建不可能是一蹴而就的，它本身需要在改革过程中不断完善起来。也就是说它与教学观念的更新、教学行为转变是相辅相成，互相推进。

（二）高校体育教学改革的特点

1. 提倡更新理念、转变方式

搞好课改的关键是进行教育观念的转变，这是总结新课程改革经验时几乎所有的学校领导、体育教师的一致看法。所以在高校体育教学的改革过程中基础教育体育课程改革的新理念逐渐成为改革的指引，传统的不利于学生发展的体育教学观念逐渐得到不断地转变。从在改革中教育思想、教学观念的转变特征上来说，逐步"泛化——深化——深刻"的过程在很大程度上反映了高校体育教师从自我反思到观点碰撞、争论到完善的过程。

2. 以"健康第一"为指导思想

在高校体育教学改革的进程中，高校体育教师和学校体育工作者逐渐转变观念，树立起素质教育的观念和"健康第一"的教学理念，推进体育与健康课程教学改革，使"健康第一"的观念逐渐真正的在学校教育中发挥健身育人的功能，从而也就不断地促进了高校学生德、智、体、美的全面发展。体育教师在新课程实施中不断接受新知识、新技术、新信息，不断改变和重新构建自己的知识结构，适应日新月异的社会变化和素质教育的需要，满足学生充分享受体育文化的要求。

二、高校田径运动教学改革的现状

（一）高校田径教学改革取得了一些成绩

随着教学改革的不断深入，高校田径运动教学改革也随之不断发展，大多数的大学体育教师能够根据新的改革发展方向进行田径体育教学的改革和建设，并取得了明显的成绩。高校田径教学发生了新的变化，表现出了"学生喜欢上田径课"的喜人现象，大学生的身心健康水平逐步得到发展和改善，广大高校体育教师的教学观念发生了新的变化，涌现出一大批勇于实践、勇于创新的优秀教师，出现了一大批优秀实验成果，学生学习田径的积极性、主动性和创造性有了较大的提高，学习方式也有了新的变化。这些成绩是客观存在的，是广大高校体育教师艰苦探索、认真实践的结果，应该给与充分的肯定。

（二）高校田径教学改革存在的问题

1. 田径课教学方法单一，内容重复

在传统的体育教学模式中，高校田径教学最常使用的就是被称为"填鸭式"的教学方法，这种方法常常表现为教师在台上讲解、示范，学生在台下机械地按教师的要求练习。这种单一的教学方法，造成学生的智力得不到有效的开发，思维受到限制，更加做不到发散性思维。虽然到目前为止，高校田径教学改革已经进行了一段时间，也取得了一定的成效，但是当前我国普通高校的田径教程教学的方法仍然主要是这种教师的讲解示范，学生进行听、看、模仿的教学方式。所以，高校田径教学方法单一。

此外，调查发现，我国普通高校田径教材的主要内容是田径运动的技术内容，且教材的重复率非常高，缺乏弹性，很少有发展学生个性、健身以及田径运动技能的内容，这在很大程度上造成学生不能树立一个相对正确的体育观念。现实中普通

高校田径教学不仅不能体现高校体育教学的特征，大部分的高校学生也没有感觉到高校田径教学"高"在什么地方，田径教材的枯燥和乏味使得很多高校学生对田径运动避之不及，不仅达不到强化学生体育意识的目的，建立终身体育观念更是无从可谈。

2．田径选项课乏人问津

随着高校体育教学改革的不断发展，"自主教学形式"的体育教学改革在高校得到广泛的普及与开展，这也为在校大学生提供了一个较为宽松的能够自主择课，自主择师的教学环境，大学生可以按照自己的爱好以及自身的发展需求自主地选择想要学习的体育科目及内容。有赖于此，大多数的高校学生都会根据自身的能力、素质选择球类或者一些比较简单，容易学习的运动项目，田径教学作为高校体育的基础学科，由于其趣味性较低和难度性较高，所以很少有大学生会选择田径选项课。特别是随着近些年来，我国高校田径教学改革的不断发展，部分娱乐性、休闲性及时尚性较强的体育运动项目被逐渐的引入到高校体育教学中来，很多大学生都积极地参与到这些新兴的体育选项课中，而传统性较强、趣味性较少的田径选项课，则少有人问津，致使田径教学遭遇"冷场"的尴尬处境。从缘由上来说，造成这种现象的原因十分繁杂，但总体而言其主要因由在于田径教学比其他项目的教学更加缺少对大学生的吸引力，处于大学阶段的学生对于游戏性和趣味性较强的运动项目具有较强的热衷性，而对于不仅传统，而且相对较为枯燥、乏味的田径运动则并不热衷，且田径运动还具有一定的危险性，田径教学内容枯燥，形式单调，这就使得大学生很容易对田径运动产生厌烦、畏难的情绪。从而造成高校田径选项课遭遇冷落的现象的产生。

3．田径实践课中存在重竞技或轻竞技的现象

传统形势下的高校田径教学主要偏重的是竞技田径教学，这种过分追求田径竞技性的教学方式，严重偏离了高校体育教学的大目标造成传统田径教学走进了一种误区。近年来，随着高校体育教学改革的发展，改革传统的这种注重竞技性的教学方式的趋势已经越来越明显，部分学校为了顺应改革，在教学中将田径教学的竞技性进行了过分地弱化，只一味地、单纯地、片面地追求大学生身体素质的锻炼，这种行为也是不可取。以部分高校公共体育课取消田径课程为例，如同上文所说，虽然田径教学不再作为公共课出现，同时大多数的高校学生对田径教学的态度也并不热衷，田径教学遭到冷遇。但事实上田径运动的健身价值是不被忽略的，我们知道大多数的田径运动项目都可以增进大学生的身心健康，所以只要把田径运动项目进行合理地加工、改造，将田径运动科学、有效的融入其他体育项目教学的过程中，使之符合高等教育的目的、符合高校的教学条件、符合广大高校学生身心发展的需

要，那么加工改造过的田径项目的竞技运动还是完全可以为高校体育教学服务的。

4．体育投资较少，教学条件较差

鉴于当前高校体育教学现代化程度的不断提高，高校田径教学的条件得到了很大的改善和提高。但是相比其他学科，高校田径教学还存在一定的差距，田径教学的投资和教学条件明显比其他学科要低，由于社会对田径教学和教学条件的不重视，致使很多高校的田径课程仍然停留在传统的教师教，学生学的被动态势，田径教学水平受到明显的限制。

三、高校田径运动教学改革的对策

（一）高校田径教学改革要突出素质教育

随着我国社会经济快速发展，人们生活水平也越来越高，家长在孩子的成长过程中也倾注了大量的财力和精力。家长长时间的呵护，逐渐让现在的大学生养成了不爱运动、怕苦怕累、爱好享乐习惯，不利于大学生身心健康的发展。相关调查指出，近年来我国大学生的身心综合素质逐年下降，大学生在走上竞争日趋激烈的社会后，难以面对、战胜挫折和失败，面对困难容易退缩、回避。鉴于此，我国教育部在《全国普通高等学校体育课程教学指导纲要》中明确指出："高校体育课程应将促进大学生身心和谐发展及进行思想品德、文化科学、生活与体育技能教育集中于大学生的田径教学过程中，以达到促进素质教育和培养全面发展的人才的目的。"

相对来说，田径运动比较枯燥，缺乏趣味性，因此田径运动学习训练要比球类运动等项目艰苦、困难。但正是因为如此，田径运动才具有诸如球类运动等项目所不具有的功能。比如在进行跳高练习或者跨栏练习的时候，学生不但能够发展自身的速度、弹跳力、灵敏性和柔韧性等多种身体素质，还会面对各种阻碍、障碍、困难，甚至危险和失败，所以进行田径运动项目练习能够培养大学生勇敢顽强的意志品质和努力拼搏的精神，高校体育教育应该将其视为大学生全面素质教育的重要手段。

由此可见，要使我国的高校田径教学走出困境，并不断发展，必须重建田径教学在体育教育中的影响力，拓展田径运动素质教育功能。

（二）高校田径教学改革要重视学生体质发展

有一些田径专家们认为：学生不喜欢田径的原因是因为他们在基础教育教学中已经进行了田径运动项目的学习，到了大学后再次学习同样的内容自然而然的就会产生厌倦的情绪，觉得高校田径教学无聊乏味。然而事实上，这种观点具有一定的片面性，举例来说，有很多的大学生自从小学起就喜欢踢足球或者打篮球，到了大学之后，他们对足球或篮球的喜爱仍然没有丝毫的减退，训练起来的时候还是相当认真的。从其他方面来说，当前大部分高校都采用全国统招的方式招收新生，所以就算是本地区的生源，他们来自的地区、学校仍然不尽相同，同时不同的地区、中学之间的体育教学和田径教学的情况又有很大的差别，部分大学生虽然在基础教育阶段学过部分易于开展的田径项目，但由于训练环境和训练条件的限制，他们不仅没有掌握到自己所学习的田径运动项目的基本技术以及练习方法，而且也没有对田径形成浓厚的兴趣。其中一大半以上的学生基本上都没有进行过非常正式的田径练习。所以，对于缺乏田径基础的大学生而言，一年级进行田径运动的基础知识学习，二年级进行选项课学习是一项更加合理的教学课程模式。

自 2002 年起，我国教育部和各省市教育厅提出了要求各高校进行大学生体质健康测试的决定，测试中所包含的 1000 米、50 米、立定跳远等内容基本上都和能够发展学生耐久力、速度、弹跳力等的一些田径运动项目教学以及田径运动健身练习相统一，面对这种一、二年级的高校生都选择体育选项课而造成没有人选报田径选项课的学校而言，这些学校就可以结合每年一次的大学生体质健康测试，将田径运动项目练习贯穿在其他各项体育课程中。这样做不但有利于大学生的身体素质以及多种心理素质的持续发展，而且也可以为他们进行其他项目的学习奠定坚实的物质基础。此外，部分运动项目像健美操、武术、散打等的练习形式也较为沉闷单调，篮球、足球等项目尽管可以对大学生身体素质进行比较全面的锻炼，然而学生也对自身身体素质量化缺乏较为全面的了解，如果在学生进行排球、网球、羽毛球等运动项目练习，而大学生又没有完整的掌握这些运动项目基本技术的时候，就会造成练习的经常性中断，从而使得学生的实际运动负荷表现出明显的不足，那么就可以在大学生进行这些项目的教学中适当贯穿一些简单易学且有一定的运动负荷的田径项目的练习或测验，调节学生的情绪，弥补这些课程上大学生运动量的不足的缺陷，或使大学生们对自己能有更多的了解。最后，可对参加不同体育运动项目课程的大学生进行相对统一的要求，这样一来就可以避免部分大学生由于怕苦怕累，而造成过分集中在一些过于简单和轻松的体育运动项目上的现象出现。

（三）高校田径教学改革要健身性和竞技性相结合

我国传统体育运动教学，往往比较偏重于竞技性，而轻视健身性，田径运动更是如此。强调竞技性，给高校田径运动教学带来的是枯燥、单一、乏味，因而损害了大学生进行田径运动学习的兴趣。毕竟高校的田径运动教学不是培养竞赛的冠军，过于强调田径运动竞技性的教学与训练，并不能促进高校田径运动发展。因而在田径课程改革中，应该适当弱化田径运动的竞技性教学，而适当重视田径运动的健身性。但过于强调田径运动的健身性，也难免过犹不及。有很多运动项目都具有健身功能，一味地只看重田径运动的健身性功能，那么田径运动完全可以被一些其他的项目替代。事实上，田径运动除了健身功能之外，还具有一些特有的功能，比如发展学生吃苦耐劳、勇于超越自我极限的精神，能通过田径运动的竞技性特点体现出来。因而高校田径课程教学也不能就围绕一些田径运动游戏开展，将健身性视为唯一的目标。综上所述，高校田径课程改革，应该将田径运动的健身性和竞技性相结合，保证"健康第一"的同时，也要培养学生的全面素质。

（四）高校田径教学改革要加强教学管理

高校体育教学中，教师对教学方面的管理是非常重要的一环，对教学效果有着重要的影响。

首先，高校田径教学应该发挥学生主体作用，教师根据学生的需要和教学目标、要求进行合理的引导。在田径课程教学中，只有学生主动思考问题，发现自身缺陷和不足，从而去寻找解决这些缺陷和不足的办法，才能有效地提高学习训练的效果。但在田径课程教学实践中，必须看到大部分大学生还处于发展阶段，并不成熟，特别是田径运动基础不好的学生，难以全面意识到田径运动学习和训练对其自身发展的重要意义。所以，在田径课程教学中，应该从学生的特点出发和体育需要出发，注意学生在学习中的缺陷和不足，从而选择适合的教学训练方法和手段来引导学生学习训练。

其次，在高校田径教学中，教师不能够因为学生们怕苦怕累就立刻减少教学训练中的运动负荷，也不能因为学生兴趣一味安排趣味性较强的田径运动游戏。教师应该做到从学生"健康第一"的角度出发，让学生进行一定运动负荷强度的健身练习。所以在进行田径课程教学管理中，可以按田径项目特点适当提高训练的趣味性，但不是放弃一定运动负荷强度的训练。

除去上面两方面的管理外，高校田径教学改革应该要求教师重视课堂训练安全、组织纪律等方面的管理。

四、高校田径运动教学改革的趋势

（一）要转变高校田径课程教学的思想观念

教育部在发布的《全国普通高等学校体育课程教学指导纲要》中指出体育课程

是寓促进身心和谐发展、思想品德教育、文化科学教育、生活与体育技能教育于身体活动并有机结合的教育过程，是实施素质教育和培养全面发展的人才的重要途径。

从田径运动教学价值来分析，高校田径课程教学训练不仅能发展学生身心健康，而且还能培养大学生勇敢顽强的精神、坚韧不拔的意志、锐意进取和勇于战胜困难勇气等。尽管田径运动不像球类运动、休闲拓展运动一样有趣味性，但是其学习训练过程中所具有的独特价值，也是球类运动、休闲拓展运动等不可替代的。比如长跑运动能促进学生吃苦耐劳，勇于超越自我极限的精神，这是很多项目难以比拟的。因此，在高校田径课程改革中，不仅不能轻视田径运动教学，而且应该转变思想、观念，重视田径运动教学，进一步挖掘、拓展其功能价值。

高校田径教学，只有不断地根据社会和学生的需要、高校体育教育的发展和实际情况转变思想观念，才能充分发挥田径教学的特殊功效，完成高校体育教学的目标。

（二）要进一步深化高校田径教学改革

近年来，高校体育教育改革一直在进行，其中高校田径教学改革也取得了一定的成绩。但是，就目前来看，高校田径教学现状依然不容乐观，面临着不少的问题。因而应该进一步深化高校田径教学改革，具体方案可以从以下几方面着手。

1. 以快乐体育思想来激发学生参与田径运动的兴趣

从心理学的角度来看，人们看待事物的关键在于对其的认识和理解，人的认识和理解是否深刻，则在很大程度上影响其对这一事物的兴趣。一般来说，理性的认识和感性的体现能够有效地激发人们对这一事物的看法。因而在高校田径课程改革中，可以加强学生对田径的理性认识，使学生能够通过田径健身锻炼获得一定感受，从而对田径的理论知识和锻炼身体的原理有一定的理性认识，进而促使学生正确地认识到田径教学及其运动与大学生身心健康的关系，激发学生田径运动兴趣，推动大学生形成终身体育的观念。

2. 进一步优化高校田径教学内容与方法

田径运动在高校学生中备受冷遇，有一部分原因是田径课程教学内容与方法比较陈旧老套，不够新颖有趣。过去的高校田径课程教学比较强调动作技术性和项目的竞争性，在一定程度上忽视了学生跑、跳、投基本能力和综合素质的发展，如此就使得田径教学内容和方式呆板、枯燥，不能引起学生的学习兴趣。

优化高校田径教学内容，就应该重视拓展田径运动项目。在高校田径课程改革中，要改革传统的项目设置比例状况，弱化田径教学的竞技性，重视拓展集体娱乐项目。改革应该根据高校田径运动素材特征对田径教学内容进行针对性改造和加工，如可以将田径运动长跑与户外越野相结合等，从而深度挖掘田径教学的教育功能。

要优化高校田径教学方法，则应该以学生为本，从学生的个人特征出发，按照学生的兴趣和体育运动需要来选择适合的教学方法。例如可以采用帮教式分组、选项式分组、按兴趣爱好分组以及按学生的实际水平分组的形式来进行田径教学。教学中，要注意采用学生感兴趣的教学方法，将填鸭式教学转为启发式、探索式和讨论式教学；还可以采用现代高科技教学方法和手段来为田径教学服务，如运用大量的幻灯片、录像、电影、计算机等多媒体教学手段进行教学。

3. 提高高校田径教师素质、培养优秀师资力量

体育教师是高校田径教学的引导者，对学生田径运动学习有着重要的影响。只有优秀的体育教师，才能较好地开展高校田径教育工作，推动高校田径课程改革。高校田径课程改革中，要开拓、创新的体育教师来充分发挥田径教学特有的教育价值，要睿智、专业的体育教师来实现田径课程的现代化，要爱岗敬业、认真负责的体育教师来督促学生学习、与学生共同发展。因此，高校田径课程改革，要对现有教师进行相对应的培训，提高教师的专业素质和思想水平。

4. 改革高校田径教学的评价体系

目前高校田径教学的评价体系存在着较大的问题，应该进行改革。高校田径教学改革，应该摈弃过去传统的、单一的、以竞技能力为主的评价方式，而运用多元的评价体系。具体来说，就是在大学生田径教学考核中，应该综合考虑各个方面的因素，对大学生的田径学习进行科学、合理的评价。可以从学生田径竞技项目的成绩、学生在进行田径运动后各方面身体素质改善的情况、学生学习的进步幅度、学生上课的出勤情况、学生平时田径课程的表现情况等方面来进行评价，从而对学生的田径综合素质、田径运动能力、学生综合素质进行总体评价，使高校田径教学更加真实、科学、合理。

除以上几方面外，还应该对高校田径教学开课形式、教学时数、理论与实践教学比例、教材选用、场地器材等几方面进行适当的改革。

第二节　高校田径运动课程教学的新理念研究

一、"健康第一"的教学理念

（一）"健康第一"教育思想树立的客观依据

第一，健康教育思想符合世界发展潮流。1948 年世界卫生组织提出健康的状态

应是免于疾病并保持身体、精神和社会的良好适应。从身体、心理和社会三维角度来定义健康。之后，世界各地健康教育如火如荼的开展起来。我国为与世界卫生组织提出的健康指导思想保持一致，提出了"健康第一"的体育教育指导思想。1990年6月，我国教育部和卫生部首次联合颁发《学校卫生工作条例》，正式以法规的形式将健康教育纳入到学校教学计划，试图改变占据着统治地位的、发展相对滞后的、培养技能式的学校体育教育和高校健康教育，冲破单一的竞技体育和片面追求金牌的模式，进一步拓宽群众性体育活动的领域，力争吸引全体学生积极参与体育锻炼和各种健身活动，关注学生身心健康，平衡和加快健康教育的发展。第三次全国教育工作会议于1999年召开，明确指出青少年为祖国、为人民服务的基本前提是拥有良好的身体素质。因此，体育课程要受到高度重视，不管是中小学基础教育阶段，还是高等学校教育的体育教育工作，都应该做出相应的调整。《全国普通高等学校体育与健康课程教学指导纲要（征求意见稿）》试行后，高校体育改革的核心为加强健康教育的分量大学体育教育应将健康放在第一位。让学生牢记健康教育的理念，养成长期坚持体育锻炼的习惯。2005年党中央国务院公布的《关于深化教育改革全面推进素质教育的决定》要求学校教育要以"健康第一"为指导思想，关注学生身心健康。同时学校体育发展的必然和归宿需要高校将体育健康的观念和终身体育观念结合。

第二，健康教育思想适应了社会发展的需求。在当今社会，科学技术不断进步，国家综合实力的竞争日趋激烈，这归根到底是专门人才和劳动者素质的竞争。对于我国的教育来说这既是前所未有的机遇也是巨大的挑战，要想在这个竞争中立于不败之地，就必须造就一大批高质量的专门人才，这种人才不仅要有正确的政治思想，具备扎实的科学知识和能力，还必须具备强健的体魄。因此学校教育要特别注重学生的身心健康发展状况，树立起适应新世纪要求的健康第一思想，剔除与新世纪不相适应的教育思想、体育的内容和方法。据有关社会调查，我国学生的营养正常率并不理想，营养不良和低体重学生的比例几乎占了1/3，学生超重和肥胖现象也越来越普遍。学生的近视率与日俱增，对于这些情况，要深刻认识它的严重性，如不加以改变，将不能适应我国二十一世纪经济建设对人才培养的需要。所以学校要总结经验与教训，全面贯彻党的教育方针，加大学校体育工作的力度，普及全民健身和卫生保健等科普知识，广泛关注学生健康和体育卫生。实践经验表明，学生积极参与体育健身活动，不仅强化了体魄增强了抵御疾病的能力，而且还有利于智力的发展，于国于民都是有益的。

（二）高校体育与健康教育的主要目标

第一，把健康标准的实施落到实处，调整体育教学内容，普及科学的锻炼知识。

真正达到增强学生健康的目的，使学生终身健康的意识和行为得到升华。同时，高校体育教学也应该依据新的学生体质健康测试标准，根据本地区气候、资源以及学校自身教学特点来进行较大程度的调整。允许学生根据自己的爱好和特点自由选择体育项目，使他们参与到自己真正感兴趣的活动中，从而熟练掌握适合自己的健身运动的基本方法和技能。不应再强调各项目的达标与否，而旨在培养学生树立终身锻炼的意识。

第二，进一步完善体育与健康教育体系。体育本身有相当广泛的知识面和文化底蕴。在体育教学中应该渗透体育人文学、运动人体学、健康教育学等内容，使体育锻炼富有科学性和人文性，加强体育课对学生的教育意义和提高学生对体育课的兴趣。并增加保障学生身心健康发展的常识性内容，如预防艾滋病、远离毒品。使学生养成科学合理的作息习惯以及健康向上的心理状态。

第三，贯彻国务院明确阐述的"学校教育要树立健康第一的指导思想"。当前知识的更新和边缘学科的发展状况是史无前例的，社会上各种竞争也日趋激烈，仅仅依靠强壮的身体、优良的体质、丰富的知识是不能适应这种变化的。在这样的时代背景下，国务院适时提出了"健康第一"的指导思想，对学校体育教育提出了更高的要求，即培养身体健康、心理稳定、拼搏竞争、团结协作的新型高素质人才。学校体育教育应该将这视为光荣而艰巨的历史使命，把教育工作理念从以往单纯的"增强体质"为主转移到"健康第一"的新型发展观。

第四，高校体育教育要服务于学生体质健康。三维的健康观中体质健康是长期以来最受关注的健康内容，贯彻"健康第一"指导思想要求高校体育与健康教育的目的是增进学生的身心健康、增强体质、培养全面发展的合格人才。运动技术是学生锻炼身体的重要手段，同时还要掌握体育与保健方面的知识，养成良好的锻炼习惯和意识。

第五，高校体育要服务于学生心理健康发展。社会主义市场经济的发展带来的竞争机制越来越激烈，来自社会各方面的因素，如学习、生活、升学、就业、恋爱、婚姻等对学生的心理来说都是极大的负荷，许多大学生都存在着不同程度的心理问题。因而我们要重视大学生的心理健康水平的提高，而学校体育教育在这方面正可发挥独特的作用。高校体育的组织形式灵活，贴近学生需要，体育活动的目标定位因人而异，全方位评价学生的体育能力以此提高学生的心理素质。

第六，高校体育要服务于提高学生的社会适应能力。体育作为一种独特的教育形式，在一定的规则与方法制约下，实行公平、公正、公开的竞赛，有利于协调人际关系，增强意志力、团结合作精神和自我心理调节能力，培养良好的社会公德，增强责任感，遵守社会规范。应当将学校体育作为一门重要的教育工具并深入挖掘其蕴涵的教育价值。

（三）在健康体育观的影响下具体实施途径探索

学校体育要树立"健康第一"指导思想，以它贯穿于学校工作的始终，让学生拥有健康的体魄，为完成终身教育打下基础，这就是新世纪体育教育工作者应完成的重要任务，也是新世纪学校体育工作者应努力探索的新课题。

第一，健康教育的关键在于教师的素质。体育教育成功的关键与教师素质有着莫大的关系，现代体育教育要求体育教师不能只满足于"学科知识+教育知识"的单一教学模式，而是一个具有探索和创造能力的科研型的教师。这就要求教师掌握科学和人文两方面的基本知识，以及体育专业扎实的基本功。熟知信息科学、生命科学、环境科学等基础知识，了解体育教育的人文价值，掌握学生素质发展的规律性，提高教师的专业素质和现代教育教学基本素养。同时教师也要树立终身学习的思想，适应不断变化的社会需求。体育教育也需要与任课教师、学生、家长等有关人员的合作，以产生协调效应。21世纪的体育教学更重视教师对教学的监控能力，这也是教育教学活动的核心要素。它包含教师按教学目的对教学活动的决策与设计能力，课堂组织能力和管理能力，评估学生知识、技能的能力等。体育教师应总结教学经验，积极参与体育科研，善于在工作中发现问题、探索问题、解决问题，成为一名具有探索和创造能力的新型科研型教师。

第二，健康的有力保障在于体育、卫生、美育的有机结合。从事体育锻炼，往往还必须注重营养，讲究卫生习惯等因素，将身体锻炼与卫生保健结合起来。因此，学校应加强学生的营养指导，让学生了解有关营养、卫生保健的知识。目前，学校体育与卫生保健相结合已有良好的开端，并取得一定的成效，但还没有形成完善的体系。因此要紧密结合学生生长发育与生活实际开展健康教育，使学生会自我保护，预防疾病发生。把学生青春期教育和心理健康教育，作为健康教育的重要内容来抓好。广泛开展群众性的体育活动，使校园文化建设丰富多彩，学生体育生活更加充满生机。美育不仅能陶冶和提高学生的修养，而且有助于开发他们的智力。体育是健与美的有机结合，寓美育于体育之中，可使体育内容与形式充满了美的感受，提高学生对体育的兴趣，提高运动质量，丰富学生的审美体验和提高学生创造美的能力。

第三，在教学过程中，应尽量与学生的生活实践有机结合起来，努力培养学生自觉的健康意识和健康行为，将所学知识尽可能转化为学生自觉的行动。从学校的实际情况出发，制订综合的体育课教学大纲与教材，认真组织好大量学生参加锻炼的体育项目，积极学习先进国家重视学校体育卫生的成功经验。体育课应注意适量，不应矫枉过正；加强课外活动教师的指导力度，成立俱乐部或单项协会；多开展校际或校内体育比赛，有针对性的加强营养学、心理学、保健学、环保学、身心健康等方面的知识教育。

第四，学校体育要有效传递健康知识和锻炼方法，体育运动项目的开展要和社会体育资源相结合，培养学生运动特长，形成运动习惯。健康的知识和方法对每一个参与体育锻炼的人来说都非常重要，在传统的体育教学中过分注重运动技术的培养，忽视了健康知识的传授。然而只有掌握了健康知识和锻炼方法，体育锻炼才不会盲目进行，才可以对自身情况和锻炼的效果进行评价，激发人们的锻炼信心和锻炼兴趣。学校开展运动项目一般主要考虑场地器材、教师、学生等自身情况，而对所学习运动项目进入社会后是否能有条件继续坚持的考虑则相对较少。学校体育工作应当立足学校，放眼社会，多开设社会体育设施建设较好的项目，为终身体育的开展创造条件。体育运动项目是参与体育运动的媒介，好的运动技术会增加学生参与运动的兴趣，有助于形成运动的习惯。所以，在体育教学中坚持以运动技术为主，在大学阶段培养学生广泛的体育兴趣，使自己一专多能，同时重视健康知识和健身方法的传授，形成参与体育运动习惯。

二、"终身体育"的教学理念

（一）"终身体育"的概述

20 世纪 70 年代初日本学者早川太芳首先提出终身体育，这一观念在 90 年代初传入中国。关于终身体育的概念，现在公认的说法是指人们在整个生命过程中所进行的科学的、有效地身体锻炼和所受到的各种体育教育的总和随着生命的诞生而开始，随着生命的消亡而结束，是人们对体育教育与锻炼存在的意义，在理性思辨上的根本改变。简而言之就是贯穿于人类一生的体育活动或与生命具有共同外延的持续的体育教育过程。由此可以将终身体育教育的全过程分为学前体育、学校体育和社会体育等三个教育层次，其中，高校体育教育是学校体育的重要组成部分。

学校教育的目的是培养符合社会要求的人才，大学生活结束后，学生将迈向社会的门槛。此时，大学生不但要有知识、理想、道德，健康的心理和健康的身体也是不可或缺的。我们已经知道，健康的含义不仅仅是没有疾病，更重要的是要有良好的心理素质和积极向上的精神面貌。体育锻炼不但能使我们拥有强健的体魄，还能促进人们心理健康水平的提高。然而体质的增强是渐进性的持续过程，不可能一蹴而就或妄想一劳永逸。有关数据表明，进入社会后，人们对自身身体的要求主要是来自对健康的需求。

从而与高校提出的健康体育观遥相呼应，为终身体育服务增添了新的动力，有利于高校终身体育教育更好地得到推行。在 21 世纪这个新时期，高校的体育工作和教学观念也有一些新的变化。加强健康知识的传授和学生锻炼习惯的培养，淡化了用竞技水平评价学生的方式，而更重视学生的参与和体育的教育性。教师在授课过程中通过与学生的互动和精心策划的具有教育意义的教学课程，可以让学生在以后的工作中加强人际的交往和适当的减轻工作的心理压力，以更好地适应社会。因此，我们要牢固树立终身体育锻炼的理念，帮助我们形成健康的身体和积极向上的精神面貌，提高个人的生活质量。当参与运动者感受到体育运动的重要性时，又会主动地加强自身的体育锻炼，最终有效实现终身体育。

（二）终身体育的培养

第一，要注重培养终身体育的意识。对学生进行终身体育的教育，就要增强学生的体育意识。心理学的有关理论证明，行为是在认识事物的前提下，在引发动机和兴趣的基础上产生的。因此在体育教育教学中要端正学生体育学习的态度，使他们建立正确的体育目的，拥有长远的、持久的学习动机，激发他们学习各种有关体育锻炼和卫生保健的知识和技能。与此同时，也要注重理论教学的实施，强化学生终身体育的意识，以实现学生的体育价值。此外，还必须培养学生将终身体育的认识和实践延续到校园生活以外，以体育的体系化、社会化为目标，实现全民健身，以实现终身体育的社会价值。在具体教学中，体育教师应树立使学生终身受益的目标，对每次课内和课外活动提出相应的要求，以健身为目标，将素质、技能、知识、能力等教育内容渗透终身受益的意识。

同时，还要注重体育教师的素质及人格魅力，这对学生形成体育意识具有十分重要的意义，因此高校应提高体育师资力量。体育教师应具备基本的职业素养，具有渊博的知识和较强的教学示范能力和开明的思想观念以及健康的精神面貌。与学生互动、了解学生。实践证明，高水平的教师能赢得学生敬重、信服，通过丰富多彩、不拘一格的教学方法，让学生通过体育锻炼，认识到终身体育锻炼的价值，为满足广大学生的多种需要创造条件。

第二，及时调整学校的体育目标。高校体育发展的战略指导思想就要具备终身体育思想。根据社会的发展形势，单纯追求对学生有机体纯生物学的改造无法满足人们内在自我实现的要求。在终身体育这种新体育观下，高校体育的发展拥有了新的活力，人们的自我更新和自我完善有了进一步提升，人的生命本身得到了改造。高校体育是实施终身体育的关键环节，它对全面发展学生的身体素质、进一步培养学生的道德品质和各方面的再教育以及身心发展，具有重要意义，最终实现终生受益的目的。高校体育在现阶段已不再被看作以校园生活为基础的教育活动，而是被视为终身体育锻炼的有机组成部分。因此，学校体育教育应树立强身育人的目标，贯穿终身教育的主线，实现终身受益的出发点和归宿，在充分考虑在校生的各种实际情况的基础上，全面实现高校体育的各项任务。

第三，使学生的单一思维和多样型思维能力得到提高，既要让学生学到知识和技能，也要培养他们的各种思维能力。单一思维（直接思维）是利用事物的单一性直接进行思考，找到解决问题的方法或途径；多样型思维（多维型思维），它是在个体处于复杂多样的环境下所进行的思维活动。要对学生进行单一思维和多样型思维的培养，就要使学生领悟"举一反三"。在对学生进行单一思维和多样型思维能力培养时，要经常性的贯穿举一反三思维训练，同时要注意的是，思维训练和技术训练、战术训练的相辅相成。

第四，丰富教学内容。长期以来，由于传统教学方法的局限，教学内容大都没有超越大纲范围，授课内容教条单一、枯燥乏味，学生也只能被动地服从，缺乏了解高校体育和终身体育间的内在联系，在教的绝对权威下，学生的热情和创造力受到严重束缚，致使体育课的教学质量普遍不高。现阶段高校体育改革的目的在于使个体在有限的学生时期学习体育基础理论和基本技能，在以后的社会生活中，能够独立自觉地继续进行身体锻炼和接受体育教育，由此与终身体育衔接起来。为了进一步丰富体育教学的内容，高校体育课教学应进一步拓宽选修课的范围，可采取如下措施。教授一些交际舞、保龄球、桥牌和溜冰等学生乐于接受的体育活动；适当开展一些专项活动，如篮球、排球和乒乓球、足球、健美操等活动；尽可能在课堂上安排耐久跑等锻炼内容，并视季节特点做出不同安排；适当增加哑铃操和腰腹肌等方面的内容；引导学生关注体育热点，讲授体育竞技规则和裁判基本知识，对大型体育比赛的技巧等进行适时的解说，支持学生自行组织比赛，全面培养学生的自我组织能力和参与意识。

第五，调动学生终身体育的积极性。体育考核是检查和衡量体育教学效果的重要手段，在高校体育教学环节中起重要作用。通过考核的反馈作用教师可以了解教学效果，改进不足、发扬优点，提高教育质量，同时可以调动学生主动、自觉地锻炼身体的积极性。但教师应合理利用体育考核的杠杆作用，考核方法要灵活多变，考核项目与考核标准因人而异，考核的目的不仅在于让学生最大限度地表现自己的体育技能，达到增强体质，调动终身体育的积极性，还要增强学生自信心。如对个别肥胖或先天发育不足的同学，可以调整考核标准，以避免他们产生自卑心理，引导他们逐渐对体育产生信心和兴趣。

第六，注重体育能力的培养。培养学生的体育能力是高校体育教学和当前高校体育改革中的重要内容和工作。体育能力是适应生活和生存需要的技能，具体指学生对体育科学活动适应和自身学习行为的心理调节，因此可以运用学习内容顺利完成各科身体锻炼以及形成锻炼身体的主动性。结合当今社会的时代特征和体育教育自身特点，应注意培养以下几个方面的能力。自觉锻炼能力，学生能够熟练地运用已经掌握的体育知识、技能，形成体育锻炼的自觉性，养成终身体育的习惯；具有自我评价、自我设计、自我组织、自我管理和自我监督的能力，让学生对自己身体状况、动作姿势有正确的认识和评价，及时进行自我调整和改变练习方法；对自然环境和社会环境的适应能力，增强学生对疾病的抵抗力和免疫力，实现社会生活和健康工作等方面的适应性，使学生拥有可持续发展的体能。

第七，改善场地、器材和管理的条件，加大宣传力度，开展形式多样的课外体育活动。学生进行终身体育锻炼，必须在一定的场地和拥有一定的器材条件下进行。因此，应当完善体育器材和场地的管理制度，高校以学校的办学规模为依据确定体育场地、器材配备标准，为学生进行锻炼提供充足的硬件设施和创造有利条件。利用如广播、校报、校刊、校园网、墙报等学校的宣传工具，或定期开展训练比赛、裁判知识等讲座，引导学生参与俱乐部活动，由此来宣传体育健康基本知识、国内外的体育赛事等，激发学生的终身体育意识和兴趣。强化大学生终身体育意识和提高其技能，高校体育除了要以教学为核心外，加强课外体育也是一种行之有效的方式，课外体育活动是课堂教学的延伸和补充。通过开展丰富多样的课外体育活动，如体育舞蹈、轮滑和各种球类项目等，营造极向上的体育运动氛围，为学生的终身体育锻炼打下良好基础。

三、"以人为本"的教学理念

（一）"以人为本"教育思想的基本概述

2003 年中共十六届三中全会上提出科学发展观的初步理论，强调社会发展要实现以人为中心。2007 年党的十七大报告上，胡锦涛同志就新形势下全面系统地阐述了科学发展观。提出坚持以人为本，全面、协调、可持续的发展观，这在新时期和新形势下，对我国基础教育的改革和发展同样有着极为重要的指导意义。要求我国教育改革中也要注重以人为本的观念。依据马克思历史唯物主义的观点，"以人为本"中的"人"既是个体，又是群体，既具有自然属性，又拥有社会属性。教育领域在新时期和新形势下，要建立在以人为本的基础上，坚定不移地实施科教兴国战略和人才强国战略，不断满足人民群众日益增长的教育需要。教育中以人为本中的人包括教师和学生。

教育作为人类社会特有的现象，有着深远的社会学理论来源。早在商周时期，先人就提出了民本的思想，认为人民是这个国家的基础。其后的民本思想理论大体上都对这个理念有所损益。如春秋时期儒家倡导道德教育中"仁者爱人"思想、战国时期齐国管仲提出的治国理论"以人为本"，再到后来孟子的民重君轻、明末清初的"以民为国家之本"等思想。当然，中国传统的民本思想与我们今天提倡的以人为本的思想并不完全相同。在我国的教育史上受民本思想的影响，不少教育学家在探讨教育的目的、方法和途径时，常常以人性为出发点，把教育视为塑造美好人格的根本手段，影响颇大。

西方人本主义思想最早可以追溯到古希腊时期，其正式形成是在意大利文艺复兴时期，第一次提出了"人本主义"口号的人是哲学家费尔巴哈。到了现代，伴随着社会的不断变化。以叔本华和克尔凯郭尔为代表、以萨特为代表的存在主义学派和以霍克海默、马尔库塞为代表的法兰克福学派等一些人本主义哲学家们，采取了非理性主义方法，进一步完善人本主义体系。西方教育思想在教育观念、目的、内容和方式等方面，受人本主义思想的影响，发生了很大的变化。教育领域先后出现了不同派别的人本主义教育家。如法国启蒙运动思想家卢梭提出的人性论与教育观；美国教育家杜威儿童中心论等。

我国教育思想建立在马克思主义关于人的全面发展的理论基础上，结合中国实际和时代特点，形成了完整而科学的以人为本的教育价值取向。在社会主义制度下要实现人的全面发展，就必须大力实施"科教兴国"战略，优先发展教育。

（二）"以人为本"教育思想的贯彻

发展是当今时代的主题。培养真正适应 21 世纪发展所需要的人才，必须通过进一步实施科教兴国战略和不断推进教育改革，从而实现人和社会的发展。我国现在正处于全面建设小康社会的现代化建设的新时期。对教育提出了多种需求。要贯彻落实科学发展观，构建社会主义和谐社会和在教学中贯彻以人为本教育思想是新课程改革的必然要求。同时，我国现实体育教育中遇到了许多问题和显露出很多缺陷，重技能轻过程、重知识传授轻人格培养的应试教育愈演愈烈；以人为本教育思想在大学体育教育中的落实情况不太理想，教育体系和教育结构还不够完善，竞争压力仍然居高不下，没有真正实现"一切为了学生"。因此，作为学校教育的重要组成部分的高校体育教育在教育目标上贯彻以人为本的教育思想，具有重大意义。

第一，在大学体育教育教学中以学生为本。学生作为一个独立的生命个体，应该得到认可和尊重。所以大学教育要牢牢树立以人为本的观念。在此过程中，要充实办学资源，大学开展人才培养工作，尽可能为学生创造良好的学习条件，为提高教育质量创造环境，发展教师队伍；本着对学生高度负责的原则，提供充足的教育教学资源等并保证向他们提供其发展所需的知识、技能等教学内容适应学生的发展需求；尊重学生的个体差异，促进学生个性发展；完善培养方案，构建科学的课程体系；重视改变教学方式，增强教学的感染力、吸引力，激发学生的学习动机，调动他们学习的积极性。大学教育以人为本，首先就要关注学生的利益，树立为学生服务观念，是学生获得全面而又不失个性的发展。

第二，在大学体育教育教学中以教师为本。由于大学对学生的教育培养和促进学生的发展是通过教师的教来实现的，因此大学教育以人为本也要以教师为本。这要求大学为教师营造宽松的工作作环境和良好的工作氛围，合理规定教师的工作量和对其进行教学评估，为教师提供教研的条件和基本设施资源，但要平衡教学和科研的关系；关注教师的发展，教师也应随着时代的变化而不断发展。对教师的管理不应该过分强调防范性、强制性，而应该具有人性化，是他们自觉履行义务，承担责任；要充分尊重教师和信任教师。不要制订过多的规则、制度来限制他们的自由，约束他们的行为。

进入 21 世纪以来，我国高等教育以惊人的速度发展起来，体育教育也要适应新时代的发展潮流，不断的革新观念，以科学的、合理的、人性化的教育观念促进大学体育的发展。让学生在终身体育观念的引导下，身心得到全面健康的发展，在贯彻落实以人为本的科学发展观中培养大批国家和社会所需要的人才。

第三节　高校田径运动课程教学的发展趋势

据有关调查表明，我国高校多数仍在执行《国家体育锻炼标准》，期中或期末结课时所测试的项目大多是田径项目，如 100 米跑、1500 米跑（男生）、800 米跑（女生）、跳远、铅球等。因此，各高校便把田径项目作为基础课内容设置，多数是围绕以身体素质达标为目标而进行的，以期使学生达到一定的合格率。

当前，高校在普修课的基础上还开设了田径选修课以满足更多学生参与田径运动的需要。田径普修课课程的基础内容一般涵盖了包括短跑、中长跑、铅球、跳远和跳高五个项目。田径选修课多以短跑、跳远、跳高、标枪、铁饼等技术性较强的项目为主要内容。由于教师在教学过程中过于追求竞技运动项目的技术性和系统性，把田径运动的课堂教学看得过于竞技化了，就使得教师往往偏重于运动训练或只重视跑、跳、投等技术动作的教学，从而忽视了学生基本运动能力的发展和综合素质的提高，导致学生产生厌学心理，进而使田径运动的健身作用没有得到很好的发挥。

　　学生对于高校开展田径课程的看法有一些区别。大多数学生认为田径运动是一切体育项目的基础，也是身体素质得以提高的重要手段，安排一定教学时数的田径项目作为基础课内容也是有必要。而有一部分学生则认为，可以选择一些球类运动或是游泳、健美操之类的运动代替田径，因为这些运动较田径运动更让人产生兴趣。

　　由现状分析可以看出，田径教育在高校教学中存在着问题。当前高校体育教学指导思想与过去相比发生了很大的变化，如今开始提倡"以人为本"、"快乐体育"和"终身体育"的新理念。各大高校为响应新理念，以提高学生整体健康水平作为学校体育的中心任务。田径运动项目在高校的开展将会向着适应这一要求的方向发展。在未来，高校田径运动教学的主要发展趋势有以下几个方面：

一、健身意识越发重要

　　通过高校教师和学生的不断努力，让高校学生逐渐懂得健身的方法、养成健身的习惯、形成终身体育的意识，减少田径课程竞技技术的教学内容，淡化竞技意识，适当增加田径健身娱乐性教学是田径教学未来的发展趋势之一。

　　在田径运动教学过程中，绝大多数学生学习的目的并不是提高技术水平，而是通过田径运动的学习来了解运动健身的理论知识和技能，掌握一些健身方法，淡化竞技意识，使学生在运动中获得更多的快乐和成功的乐趣。但是淡化竞技意识不等于不要技术，以正确的技术完成走、跑、跳、投等动作，能更有效地发展人的各项身体素质，避免伤害，提高锻炼效果。由此可见，技术与健身是相辅相成的。在淡化竞技的情况下，增加健身教学内容，通过健身教学再结合理论知识的传授，发展学生健身走、健身跑、健身跳、健身投的技能，使其产生健身意识，养成良好的健身习惯，掌握健身锻炼方法，使课上所学能成为生受用终身的锻炼方法。

二、理论教学越发加强

　　理论是指导实践的依据。通过理论的教学，让学生充分认识学习田径运动的重要性，提高学习的主动性。遗憾的是，对于体育类课程来讲，体育理论知识的教学在整个课时中所占比例是相当少的。体育理论教学方法一般为室外实践为主，理论课内容往往在实践课过程当中穿插进行甚至只有在天气不好无法进行室外课时才在教室内开展理论性的讲授内容。

　　而实际上，为使学生正确认识田径项目的运动价值，正式地进行体育理论的讲解是很有必要的。这需要教师转变思维，重新分配授课进程和讲授方式，适当增加专项理论知识，在室内课堂上可以系统、完整地讲解各种身体锻炼方法，并通过理论强调田径运动在培养竞争意识和拼搏精神上的作用，让学生认识到田径的实质，认识到田径运动的健身价值，同时对他们输入"健康第一"、"终身体育"的思想，使他们自觉产生健身意识。

三、教学手段越发丰富

过去的田径课教学中对技术教学格外侧重一些，这就使练习的内容较为单调，再加上每堂课的运动强度较大，重复动作多，缺乏趣味性和娱乐性，从而使学生产生厌倦的情绪，这也是摆在田径教学工作者面前的一个难题。在最终考核时，简单机械地用"三度"（即：高度、远度、速度）来评价学生的学习成果。这种考核方式忽视了学生的生理特点、心理特点和兴趣爱好等因素，自然评定结果就会略显不太客观、真实。

因此要调动学生的学习兴趣，就要改变以往教师单独制订的"填鸭式"教学方法和大量的重复技术练习，丰富教学组织形式和教学方法。这也是未来田径运动教育的一大趋势。教师可以在教学过程中通过各种手段、组织形式和先进的教学技巧，把田径项目与其他运动结合，使学生达到掌握田径项目的技术、健身、娱乐等的练习效果。例如在跳高起跳的教学中，可以将学生分为几个小组，进行臀部"摸高"比赛的练习；在障碍跑的练习中可以加入绕杆跑的练习，以锻炼身体的灵活性。这些既能丰富教学手段，调动学生学习的积极性，又能保证一定的竞技性，从而使练习的趣味性得到了大幅度的提高。

四、考核标准越发灵活

考核是检验一学期或者一学年教学效果的手段，它是显示教学实施的有效措施。所以教师在设计考核的内容时，要尽量考虑全面，因此建立适合高校学生自身特点的田径运动项目的考核标准就显得非常有意义了。要根据每个学生的个体差异制订不同的标准，采用不同的考试形式，不要局限于竞技项目运动能力的考核。例如对于身体素质较好的学生，考核过关的标准就要适度提高；而对身体素质一般的学生，则可以按照正常的达标线测评。教学评价不仅要考核学生对运动技术和技能的掌握情况，还应建立过程化评价，要根据学生自身的进步程度和个体目标的达成度进行评价。

在考核评价方面，应从整体做出测评，将学生体育成绩的提高、学生体能和技能的提高以及学生田径知识水平的提高全部囊括进来。客观、灵活、合理、全面地对学生进行科学评价。这对提高学生学习田径运动的乐趣也有着很大的帮助。

五、课内课外越发融合

由于课时的限制，在课时内的教学和学生学习到的内容不会涵盖到田径运动的所有方面，学到的都是一些较为宽泛的知识或技术，显然仅仅依靠体育课上的教学是不能满足每个学生的锻炼需要。

所以，未来田径运动教学开始逐渐向课内课外教学相融合的方向发展。教师可以多采用课内传授健身方法，积极组织课外活动并进行适当的指导，这样可以使课堂内与课堂外相融合、显性教学与隐性教学相融合，从而提高学生参与田径的积极性，培养学生自觉练习的意识，提高学生对田径运动的兴趣，养成良好的习惯。例如组织学生来到郊外开展越野跑、耐力跑等活动，或是组织学生欣赏田径赛事，通过直观的欣赏来给学生讲解赛场上运动员的动作与技巧。通过这样课内外的有机联系，相信对发展学生身体素质，形成终身体育意识和能力都非常有利。

第四章 高校田径运动课程教学的理论研究

对高校田径运动课程教学理论进行研究有助于改进教学效果，从而促进教学的发展。本章研究的高校田径运动课程教学的理论主要包括高校田径运动课程教学的目标、规律、原则与方法。

第一节 高校田径运动课程教学的目标

田径运动被誉为"运动之母"，从中可以领悟到田径运动所具有的非常重要的作用，这是其他运动项目所不能替代的。在高校中开展田径运动对于学生各方面的素质提高有着很大的帮助，它的作用具体表现在以下五个方面。

一、全面发展学生各项身体素质

现代健康观对健康的定义不仅仅只是人的身体健康，还包括了人的心理健康。就是不仅要求人能具有从事正常生活、学习、工作、抵抗疾病、精力充沛的体魄，而且还要求人要具有适应社会、适应生活、适应自然、良性且稳定的精神状态。通过田径运动的锻炼，不仅能够进一步比较直接地改善人的身体素质，包括肌肉、骨骼、神经系统和循环系统等，还能提高人的心理稳定性，从而使身心素质都能得到全面的增强。

人的身体素质主要表现为力量、速度、耐力、柔韧和灵敏等。通过不同的田径项目锻炼，能够有针对性地集中提高某一种素质。比如，短跑不仅能够锻炼大腿肌肉和爆发力，还使人体最大摄氧量提高，对中枢神经系统兴奋和抑制的灵活性有积极的促进作用；有氧运动包括了田径项目中的长跑和竞走，这些运动对于人体肌肉的耐力、心血管系统和呼吸系统的工作能力的提高具有重要意义；跳跃项目的锻炼能够进一步加强和提高人的感觉机能和爆发力量；投掷项目对于人体上肢肌肉的发达、力量的增强以及人体灵活性、协调性的提高都具有积极的促进作用。

二、增强学生锻炼的趣味性

田径运动包括的单项较多，各种项目几乎可以涉及身体各个部位的运动。其运动本身也充满了技巧性和观赏性，因此，亲自参与其中或在一旁观赏，都可以感受到田径运动的魅力和趣味性，达到愉悦身心的效果。在高校的体育课上，教师可以设计一些以田径运动为主的游戏或比赛，例如分为两队的折返跑、接力跳远等。学生能够自娱自乐，参加者在游戏竞赛的愉悦氛围中改进自身技术、提高运动水平，极大地满足心理要求，使身心都得到健康发展。

现在田径运动的转播媒体形式繁多，再加上优秀运动员优美的技术动作，都会满足人们追求的一种精神享受。除此之外近年来，国际田径联合会以人们的需求为主要依据，又开发了趣味性的田径运动。趣味性田径比赛的主要特点就是妙趣横生，娱乐性很强，因此，已经成为人们生活中重要的组成部分。

三、使学生的压力得到释放

走、跑、跳、投是人类在历史发展过程中与自然环境相适应、做斗争中产生的技能，通过田径运动的锻炼，能够使学生在自然环境下的身心舒适程度得到进一步的提高。在现代社会压力和环境污染的背景下，人们逐渐产生了远离喧嚣、回归自然的渴望。学生选择回到自然环境中进行田径运动锻炼，不仅能够起到积极的健身效果，还能够减少环境污染给身体带来的伤害。由此可以看出利用自然、贴近自然、回归自然，积极开展自然环境下的田径运动对于人们生存能力和基本体能的改善和提高具有积极的促进作用。通过在自然的环境中进行田径运动锻炼能够改善身体技能，使学生的生活和工作学习压力得到充分有效的缓解，从而达到身心俱受益的目的。

四、培养学生良好的意志品质

人们在生活中会不可避免地遇到这样那样的挫折，这就要求人们必须具备良好的意志品质。由于现代学生的生活相对较为安逸，在不知不觉中，他们适应自然界和社会的能力有所下降，心理素质水平慢慢降低。田径运动是一种不论性别、年龄，参与者都会在不同程度上得到意志锤炼和精神升华的运动。这项运动培养意志品质的表现主要在以下几个方面。

（1）田径运动一般为个人项目，运动员要想取得好的成绩，就必须通过自己的努力，探寻相应的方法和艰苦的训练手段来不断完善自己，提高运动水平。通过田径运动的锻炼能够形成良好的积极向上的个性，增强心理素质。另外，田径运动的技术动作变化小，单一重复的动作较多。田径运动相比其他运动项目较为枯燥，因此，通过练习田径，有助于培养学生吃苦耐劳、坚忍不拔的精神。

（2）田径运动的进行是在严密的组织和严格的规则、要求的基础上完成的。因此，通过田径运动锻炼，有利于学生纪律、责任感和集体主义精神的培养。

（3）田径运动中的任何一个项目都对运动员提出了较高的要求，要求他们不仅要在一定限制的条件下表现出最大的能力，也要始终保持必胜的信心，而且还要有克服一切困难和正视一切挑战去实现自己目标的勇气。因此，通过田径运动锻炼，能够使人的勇敢顽强、拼搏进取的意志品质得到较好的培养和提高。

五、使学生的运动技能得到提高

田径运动是体育运动中项目最多、奖牌最多的运动项目，现代奥运会田径项目占有 46 项，是奥运会的第一运动，素有"得田径者得天下"之说。在综合性竞赛活动中，田径是必设项目。近些年随着田径运动的发展，一些女子田径项目增为奥运项目，这也在一定程度上提高了田径运动的地位。因此，人们对田径的关注度较高。

在国内，不管是在全国运动会、省市区运动会上，还是在各级学校的运动会、企事业单位的综合运动会上，田径运动仍然是主体竞赛项目。通过田径运动竞赛，场上的运动员努力拼搏，场下的观众摇旗呐喊，这些都能够充分地反映出一个学校或企业的团队凝聚力和竞争力。田径运动项目多、内容丰富，走、跑、跳、投等基本动作不仅具有较高的竞技作用，而且还各自具有不同的技能特色。例如，短跑项目能够使人在短时间内进行高强度竞技的能力得到有效提高；竞走、超长跑、马拉松项目能够使人在长时间运动过程中提高身体耐力和超负荷运动的适应能力；跳高对于人征服高度、勇攀高峰的竞技能力的提高具有积极的促进作用；投掷项目则对人的爆发力和协调性的竞技能力的提高有着重大意义。

第二节　高校田径运动课程教学的规律

一、动作学习的阶段性规律

在高校田径运动的动作技能学习过程中，学生所学习的技术动作会呈现出较强的阶段性特征。在动作学习与控制理论的指导下，通常可以将其描述为三个阶段（图4-1）。

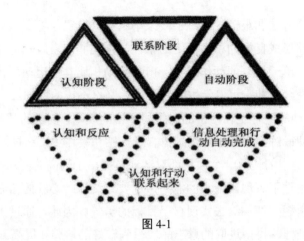

图 4-1

（1）认知阶段（动作学习前期阶段）。

（2）联系阶段（动作学习中期阶段）。

（3）自动阶段（动作学习后期阶段）。

在高校田径运动教学中，动作学习前期阶段的教学都是以各种手段让学生获得正确的田径运动技术概念或者了解田径运动动作的基本协调方式为共同特征的。在这一阶段，田径技术动作的学习会表现出动作活动粗糙、缓慢、不稳定和紧张等特征。学生在此阶段的注意范围表现得较为狭窄，完成动作也不够协调，在动作的时间和空间上都把握得不够准确。

随着高校学生田径技术动作学习的不断深入，其认知和行动之间的联系会逐渐紧密起来，技术动作的学习也开始进入联系阶段。在这一阶段的教学方法和手段的选择应呈现出多样化的特点，并应提高各练习手段的相似性和联系性。学生在做动作时，会表现得更加准确连贯，稳定性也得到了增强，对总体动作形式有了比较清晰的认识。同时，学生还会在运动过程中对动作的细节进行修正和调整，将动作方式与特定的环境和动作任务需要相适应和联系起来。

在经过长期而大量的技术动作练习后，许多学生能够逐渐进入到以自动产生动作为特征的动作学习阶段，也就是所说的自动练习阶段。在这一阶段，学生做田径技术动作时会表现出动作准确性高、轻松省力、动作迅速且节奏感强的特征。同时，学生的自我控制动作能力有了明显的提高，并对运动中所出现的错误动作进行及时的发现和纠正。

在高校田径运动教学中，教师应根据动作学习不同阶段的规律性特点，对学生当前所处的动作学习阶段进行准确的定位，并针对学生在不同学习阶段所表现出的特点，选择出适宜的教学方法和手段。

从体育心理学的角度来考虑，学生田径运动技能的形成同样具有阶段性特点，并在不同阶段也同样具有其不同的特点，具体可以分为三个阶段（图 4-2）。

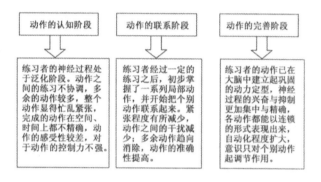

图 4-2

也有一些学者认为，可以根据学生田径运动技能的形成的社会生态学特点，来对其进行阶段性的划分，如图 4-3 所示。

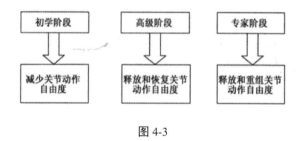

图 4-3

二、动作技能的形成阶段

（一）动作技能的形成阶段

在高校田径运动教学中，学生在学习技术动作时，一般要经历从不会到会，从泛化到分化，再到巩固提高的一个发展过程。而在这一过程中，学生动作技能的形成主要有三个阶段。

1. 技术动作的粗略掌握阶段

高校学生在学习田径动作技术的初期，主要是通过教师的讲解和示范以及自己的运动实践，来获得一种对动作技术的感性认识，对于其动作技术内在的一些规律并没有完全的理解。学生在这一阶段所表现出来的主要特点是其大脑皮质兴奋与抑制扩散，处于泛化阶段，条件反射联系不稳定，表现为动作僵硬、不协调，不该收缩的肌肉收缩，出现多余动作。体育教师应将帮助学生建立正确的动作表象，抓住动作的主要环节和提示学生在掌握技术动作时存在的问题，完成这一阶段的主要教学任务同时，在这一阶段的教学过程中教师不应过分强调学生完成动作的细节。

2. 技术动作的改进与提高阶段

在高校田径运动教学过程中，学生通过不断的练习，会对所学技术动作的内在联系产生一个初步的了解，动作技术运用的准确性逐渐增加，减少了许多不协调和多余的动作。此时，学生大脑皮质的活动开始由泛化阶段逐渐转入到了分化阶段，兴奋相对集中，特别是分化抑制得到发展，因此，练习过程中的大部分错误动作得到纠正，能比较顺利、连贯的完成完整技术动作。但是学生在此阶段并没有形成较为稳定的动力定型，遇到新异刺激时，多余动作和错误动作又会重新出现。教学中应特别注意纠正错误动作让学生体会动作的细节，促进分化抑制，进一步发展建立动作的动力定型。

3. 技术动作的巩固与自动化阶段

学生在通过长时间的反复练习后，会逐步建立起运动条件反射系统，其动力定型也会得到巩固，动作的稳定性得到了很大程度的增强，大脑皮质兴奋与抑制在时间和空间上更加集中和精确。在此阶段，学生的动作不仅协调、准确、优美，而且还会出现动作的自动化现象，即使周边环境条件发生变化，也不会对技术动作产生较大影响。但需要注意的是在巩固阶段的动力定型还是会出现消退现象，因此，高校教师在田径动作教学中应进一步提高学生动作学习的要求，不断精益求精，促使学生所形成的动力定型更加完善。

（二）各阶段的教学特点

在高校田径技术动作的粗略掌握阶段，由于学生大脑皮层兴奋过程扩散，处于泛化状态，内抑制尚未建立，对于技术动作的各个环节认识不清，条件反射的建立很不稳定，控制动作的能力较差。因此，在这一阶段教师只需要求学生能够粗略掌握一般的田径技术动作即可。在教学过程中应以鼓励性方式来对学生进行教学，多激励学生，不能急于求成。并将培养学生学习田径运动兴趣和自信心作为主要目的，来提高学生学习的积极性。

在高校田径技术运动的改进与提高阶段，由于学生大脑皮层逐渐进入分化阶段，因此，虽然在对技术动作的了解和认识上有一定的进步，但是其技术动作还是会表现出不稳定的现象。高校教师在此阶段应注意对学生的错误动作进行及时的纠正，加强对正确动作的反复练习，促进学生形成一定的动力定型使其取得更好的练习效果。

在高校田径技术运动的巩固与自动化阶段，学生在经过前两个阶段的学习后，其大脑皮层已经逐步建立起对技术动作较为稳定的条件反射。而高校教师在教学过程中，要充分利用这一点，加强对田径技术动作的完整练习，使学生各种条件的联系达到自动化程度，提高学生的兴奋程度，形成较为稳定的动力定型。在此阶段中，学生对田径技术动作的运用可以做到轻松自如，并逐渐会产生一定的表现力，在追求技术和运动成绩方面会表现出较为强烈的欲望。教师要充分利用这特点加强学生的完整技术练习，进一步巩固学生已掌握的技术动作。

将高校田径运动教学过程划分为三个阶段是学生学习和掌握田径运动技能的一个普遍规律。但是，在教学实践中，学生在完成这三个阶段所用的时间并不是一致的。一些学生学习能力较强，各方面的素质较高，完成这一过程的时间也就会缩短。相反，接受能力差，运动素质不高的学生，在完成这一过程时所需的时间就会延长。从不会到学会并掌握，是一个量变到质变的过程，由于学生个体能力的差异，不仅量变到质变的时间有所不同，而且，所需要的练习量次也不可能完全相同。因此教师要根据学生的实际情况，区别对待，将整体要求和个别辅导相结合，给那些进步较慢的学生布置课后练习任务，增加练习数量，以使这些学生能够跟上教学进度，实现在规定课时内完成学习任务。

三、动作技能迁移规律

（一）动作技能迁移的基本概念

在高校田径运动教学和训练实践中，经常可以看到，学生在学会和掌握某一运动技能后，在学习其他运动技能时会产生一定的促进或干扰。而这种运动技能之间的相互促进和干扰现象，也就是我们常说的运动技能的迁移或转移。

已经形成的某种技能可以影响另一种技能的掌握。这种影响可以是积极的，也可以是消极的，而这种影响我们也可以将其称为迁移，也可以说是广义上的迁移。

已经形成的技能对新技能的形成发生积极影响，叫技能的正迁移，也就是狭义上的迁移。而如果产生的是不积极的影响，则被称为技能的负迁移。

技能的迁移一般可分为心智技能的迁移和动作技能的迁移。动作技能的迁移对运动技术的学习有直接的指导意义。

（二）动作技能迁移的原则

在高校田径运动教学中，教师在指导学生进行技术动作学习时，如果可以充分认识到各动作技能之间的相互关系，那么在利用迁移规律时，往往可以收到事半功倍的效果。

1．安排田径练习内容时的原则

在高校田径技术教学中，可以通过以下原则来安排练习的内容，以实现对迁移规律更好地利用。

（1）保持两个练习任务在训练条件上的高度相似性，实现最大量的动作技能迁移。

（2）认真分析在相同刺激下，各练习之间的反应相似性，实现运动技能的正迁移。

（3）两任务的反应如果不同，刺激越相似，正迁移就越小。

（4）通过对一些有关联任务的连续练习，来提高学生的学习能力。

（5）对序列性相关任务进行大量练习可使顿悟发生更频繁。

（6）先前任务的练习量越大，迁移量就越大。

（7）理解两任务或更多任务所共同具有的一般原则，即对两任务建立认知关系之后迁移量可能加大。

2．理论的指导性原则

著名心理学家贾德曾提出过"已有经验的概括水平，是技能发生迁移的重要条件"的相关理论，这也成为理论指导性原则形成的主要依据。在动作技能的迁移过程中，应该认真贯彻好理论的指导性原则，只有在实践中做好对该原则的运用，才能保证动作技能迁移的科学性。在动作技能迁移的具体过程中，高校教师应注意将技术原理的讲授放在技术教学之前，技术动作讲解应在练习之前进行。

3．内容的相关性原则

内容的相关性原则同样是动作技能迁移中必须遵守的一项基本原则。在高校田径运动教学过程中，教师所采用的相关练习方式都应该与所学技术动作的结构、肌肉用力感觉、时间、空间特征等方面具有相关性联系。教师要注重田径技术动作学习和练习的具体效果，合理选择教学方法和手段，要果断抛弃那些与教学内容毫无关联的内容，对于没有针对性、华而不实的练习要果断的抛弃，实现高校田径运动教学方法和手段的最优化选择。

4．练习的程序性原则

根据学习的迁移规律，在高校田径运动教学过程中，我们提出了练习的程序性原则。高校田径运动的各个项目都有着其独特的教学顺序和练习安排，都是需要在一定程序下进行的，从而实现所学知识和技能向下一知识和技能学习的有效迁移。因此，在教学过程中，同样要遵守练习的程序性原则，要与程序教学和模式训练的基本含义和要求达成一致。高校教师在进行田径运动教学时，应该结合总体的教学大纲，来科学的制订教学进度，选择合理的教学组织形式，使整个教学过程保持程序化的特征，并尽量避免前面所学知识和技能与后面将要学习的知识和技能形成干扰。

第三节　高校田径运动课程教学的原则

一、自觉积极性原则

在高校田径运动教学中，学生作为教学过程中的主体，只有他们自觉积极地参与到教学活动中来，教师才能最终完成田径运动教学任务，因此，高校教师在教学过程中必须认真培养学生的学习兴趣，调动学生学习田径运动的自觉性和积极性。而由于田径运动的各项技术包括了人体走、跑、跳、投的基本动作，初看有些项目的技术并不复杂，初学者也会感觉田径技术教学比较单调和枯燥，学习起来缺少积极性。对一些难度较大的项目，如跨栏、撑竿跳高等技术，学生又会认为太难，无法掌握而失去信心。所以，贯彻自觉积极性教学原则，对于提高教学质量有重大意义。

在高校田径运动教学中贯彻自觉积极性原则，主要是指教师通过各种教学方式和手段来启发学生学习田径运动的自觉性，调动学生学习的积极性，以帮助学生达到最佳学习效果。在教学中教师要以培养目标的要求和田径课的任务教育学生，使学生能自觉积极地学习。为了使学生对田径运动产生兴趣，教师要端正态度，认真备课，给学生讲明田径教学课的意义、作用，使学生充分认识到田径项目的锻炼价值。教材内容的讲解要简明扼要，要尽可能结合生活中的动作，把动作的前因后果运用力学知识加以分析，多提出一些"为什么"启发学生的思维，教学手段的选择、教法的运用、运动量的掌握等都要符合学生的实际情况。教师要采用亲切、耐心、热情的态度，并配合生动、趣味、清楚流畅的语言进行教导。更重要的是要使学生感到每次课都学有所得。只有这样才能使学生能够自觉积极地投入学习，才能保证教学任务的顺利完成。也可以用优秀田径运动员刻苦训练，勇于拼搏为祖国荣誉献身的事例教育学生，激发学生为提高我国田径运动水平而努力学习，刻苦练习。

此外，高校教师还应在教学过程中建立平等、民主的师生关系，要努力创造出一个生动和谐的教学环境。教师应成为田径教学活动中具有主导作用的一分子，平等对待学生，坚持正面教育和以表扬为主，发扬教学民主，宽严适度，尤其对基础较差的学生要倍加爱护和帮助，使每一个学生的学习潜力都得到发挥。

二、直观性原则

在高校田径运动教学过程中，学生主要是通过观察来获取相关的知识信息，而在观察过程中，学生必须借助各种直观手段，例如，动作示范、模型和现代的声像、计算机多媒体等直观教学手段。它们的有效运用可以极大地提高田径运动教学的效果。而在高校田径运动教学中要想贯彻好直观性原则，需着重做好以下两个方面。

（一）要有明确的目的和要求

高校教师要根据田径教学的任务和教材的特点以及学生的实际情况有目的地使用直观教学方法。例如，教师在对一些初学者进行田径运动技能教学时，应多使用动作示范、技术动作图片等来加强教学的直观性。并且还可以将学生的动作进行录像，通过重放、慢放来纠正学生练习过程中不正确的技术动作。而对一些有运动基础的学生进行教学时，应通过画写板来进行具体的位置移动演示，或者教师通过生动形象的语言对田径运动的具体技术动作要点进行详细的讲解。

（二）要帮助学生形成正确的表象

通过直观的教学方式，可以帮助学生形成正确的田径运动技术动作表象，教师要充分利用学生的视觉、听觉和肌肉本体感觉，通过示范、电影、录像、图片等来辅助学生形成明晰的田径运动技术动作表象。然后，将这种表象与积极的思维和实践进行有机地结合，以取得更好的田径运动教学效果。因此，在教学中遵循直观性教学原则，要善于启发学生思维，并与田径运动技术练习活动紧密结合起来。

三、循序渐进原则

在高校田径运动教学中，循序渐进原则主要是指教师针对不同项目的技术特点，采取由慢到快、由浅入深、由易到难、由简到繁的方法，循序渐进地安排教学内容和练习的原则。

从认识论的角度看，整个高校田径运动学习过程都是一个特殊的认识过程。在这个过程中，学生的智力、能力和全面素质不断得到发展，这是一个渐进的过程，教学中必须遵循教育的规律、人体运动机能变化的规律、运动技能形成的规律和人体运动适应性的规律。因此，在高校田径运动教学过程中，教师在安排教学内容、选择教学方法、确定运动负荷时，必须考虑学生的身心发展水平，教学进度由浅入深，运动负荷由小到大，要大、中、小相结合。同时，在贯彻循序渐进原则时，教师还要注意教学内容的系统性。根据教学大纲的要求，安排好教学进度和课时计划，使教学进度符合田径运动教学的规律，使课时计划既系统又综合，由易到难、由简到繁、从无对抗到有对抗，运动量逐渐增加。

高校教师还要注意教学方法的系统性，要根据动作技能形成的规律，从认知定向阶段（泛化阶段）、巩固提高阶段（分化阶段）到熟练阶段（自动化阶段），都要依据动作技能形成的阶段性特点来组织教学。例如，在田径运动技能的初学阶段，要通过讲解、示范和试做，使学生建立动作概念、视觉表象和初步的运动感觉，通过不断练习使正确的技术动作巩固下来，然后加大练习难度，使动作达到熟练，并能在实战中运用。因此，教学中必须注意教学的阶段性特点，并针对不同阶段采取不同的教学方法。

四、理论联系实际原则

从实际出发的理论联系实际原则是田径技术教学中必须贯彻的教学原则。要考虑主观和客观条件的可能，不能只从主观愿望出发。从主观方面，要求教师要认真备课，教材内容的深度和广度、讲解与示范、教学手段的选择与运用、运动量和具体要求等，都要符合学生的实际情况，要尽最大努力使学生对田径课产生兴趣。并认真分析自己的长处与不足，在教学过程中扬长补短，培养自己的教学特点和教学风格。另外，从客观方面，要从学生的实际情况和具体的环境条件两方面分析，学生实际情况包括身体健康水平、身体素质水平、接受能力和学习的自觉积极性等。具体的环境条件，包括场地和器材的数量与质量、学生的人数、天气突然有变化等。根据以上因素，要因人而异、因地制宜地采取合理的教学方法和教学手段。以完成教学任务，取得好的教学效果。各项田径技术的掌握是以一定的身体素质为基础的，在教学中应避免追求过高而不现实的技术要求。

五、全面发展性原则

在高校田径运动教学过程中，要始终坚持全面发展性原则，以实现学生全面、协调的发展。而要想在高校田径运动教学中贯彻全面发展性原则，就必须满足以下两个方面的要求。

（1）要树立现代高校田径运动教学价值的新观念，现代田径运动教学具有多方面的价值，例如，生理学价值、社会学价值等等，这些价值也是衡量高校田径运动教学质量的重要依据。另外在田径运动教学设计中，要保证学生身心都得到全面的发展。

（2）在高校田径运动教学的准备、实施、复习、评价等阶段中，不管是制订教学任务、选择教学内容，还是各种教学手段和方法的运用，都应将增强学生体质，促进其全面发展放在整个教学过程的中心位置。

六、合理负荷性原则

合理负荷性原则是指在田径教学中要根据学生具体情况合理安排运动负荷量的

原则。合理的运动量能使学生较好地掌握技术动作，提高运动能力和身体健康水平。运动量小了，达不到锻炼的效果，掌握不了技术。运动量太大，学生身体受不了。而对一些有先天隐性疾病的学生，不合适的运动负荷量还会引起意外事故，影响身体健康。因此，合理安排田径课上的跑、跳、投项目练习的次数、距离、组数和强度是十分重要的。而在高校田径运动教学过程中，合理安排负荷性原则的要求主要有以下几个方面。

（一）服从高校体育教学目标

在高校田径运动教学过程中，合理的安排运动负荷是实现特定的身体锻炼和技能，达到田径运动教学目标的前提。保持学生身体活动量的科学性，能够很好地促进田径运动教学目标的实现。教师既不能忽略运动量对田径运动教学目标的决定性作用，也不能一味地追求一律的运动量或大运动量而忽略各种特殊课型的需要。

（二）合理安排运动间歇和心理负荷

在进行田径运动教学时，科学、合理的安排间歇时间，可以有效地消除学生在连续运动中所产生的身体疲劳和恢复自己的身体机能，在学生调整运动状态方面发挥着非常重要的作用。同时合理的安排心理负荷，对田径运动教学也会产生一定的影响。心理负荷的安排主要指的是情绪、注意、意志三个方面，要做到合理安排，就需要将其与整个田径教学过程和生理负荷进行紧密的结合，以保持其良好的节奏，提高田径运动教学的效果，最终实现教学目标。

（三）负荷安排要充分考虑个体的差异性

学生的个体差异性是学校田径运动教学过程中所必须考虑的一个部分，应该得到教师的重视。特别是在运动负荷的安排上，教师要充分考虑不同学生的身体情况、心理情况等方面，然后针对每个学生的不同特点进行运动负荷的调整和安排。教师要根据所了解的学生身体的强弱等具体情况来因材施教地安排运动量，要把整体要求和区别对待结合起来。

七、巩固提高性原则

在高校田径运动教学中，巩固提高性原则主要是指教师让学生在学习理解技术过程中加强反复练习，重视复习，以达到技术熟练和巩固的原则，也可以归纳为"精讲多练"。技术教学中教师的教，主要是通过讲解和示范；学生的学主要是"听、看、练"，而练是关键，只有通过练才能使学生真正掌握技术动作。因此，在每次课上适当的练习是非常必要的，在多练的基础上才能熟练掌握技术，熟能生巧，从而达到巩固提高的目的。而在具体贯彻巩固提高性原则的过程中，主要应做到以下几个方面。

（1）利用讲解、示范、练习、提问、评价等方式，保证师生间及时传递信息。根据信息有效性的原则，信息传递得越及时，损耗越小；信息的准确度越高，所产生的教学效果越好。也可以通过提问、考查、竞赛等方式，巩固提高田径运动知识、技术和技能。

（2）增加运动密度和动作重复的次数，反复强化，不断巩固运动条件反射，提高技术水平、身体素质和运动能力。

（3）教师要给学生布置适量的课外体育作业或家庭体育作业，将课内课外结合起来，达到巩固提高的目的。

（4）不断提出新的学习目标，培养学生参与田径运动的兴趣和进取动机。

八、安全教育原则

在高校田径运动教学过程中，安全教育原则是必须时刻遵循的一个重要原则，它的深入贯彻，可以为学生在运动过程中提供有效的安全保障。在田径运动中，不管是高速的奔跑、跳动，还是器械的投掷都具有一定的危险性。特别是青年学生在面对激烈运动所展现出的热情，很容易在注意力分散时发生运动事故。因此，在高校田径运动教学活动中，安全教育原则的贯彻与否，将直接影响学生在运动过程中的人身安全。可以说安全教育是学校体育教学过程中的一个重要教学任务，是每一堂体育教学课程所必须重视的方面。而做好高校田径运动教学的安全教育，主要应该满足以下几个方面的要求。

（一）体育教师要认真分析所有的可预测危险因素

高校体育教师应根据自己长期以来的教学实践经验，来找出可能对田径运动教学产生影响的一些危险因素，并及时解决。如表 4-1 所示，在高校田径运动教学过程中的大部分危险因素都是可以被预测到的。而对于这些可以预测的危险因素，体育教师在上课前必须逐一地进行思考和检查，以消除一切可以消除的潜在危险。

表 4-1 田径运动教学中的可预测危险因素

几种可预测的危险因素	举例
（1）因学生的思想态度产生的危险因素	如莽撞行事、擅自行事、准备活动不充分等

续表

几种可预测的危险因素	举例
（2）因学生身体和活动内容的差异产生的危险因素	如力量不及、动作难度太大、对该运动非常不熟悉、缺乏必要的保护与帮助等
（3）因器械的坏损和不备产生的危险因素	如栏架折断、场地不平整、链球断裂等
（4）因场地条件变化产生的危险因素	如雨雪地上的滑倒、塑胶地破损的绊倒等
（5）因学生身体状况变化产生的危险因素	如在学生伤病期间勉强参加运动引发的危险等
（6）因特殊天气产生的危险因素	如酷暑时的长跑、暴雨的淋浇等

（二）要进行充分的学生运动安全教育

要想在教学过程中更好的贯彻安全教育原则，必须得到广大学生的积极配合。因此，高校体育教师要对学生进行充分的运动安全教育，要时刻提醒学生注意在运动过程中可能存在的危险因素，让他们都绷紧运动安全的这根弦。同时，体育教师还应该组织进行运动安全知识、要领的专题教育活动，让学生学会运动过程中的一些保护技能。

（三）要对所用体育教学设备进行及时的检查

由于在田径运动教学过程中，经常会用到一些体育教学设备，例如，场地、器材等等。因此，为了提高在田径运动教学过程中的安全防范，教师应定期和提前对所用体育设备进行仔细的检查和维护。避免学生在练习过程中，因为教学设备存在的危险因素，而发生运动事故。并还要在一些危险地带贴好安全提示标志，以时刻提醒学生运动危险的存在。

第四节　高校田径运动课程教学的方法

一、田径运动教学的常用教学方法

（一）语言教学法

1. 讲解法

讲解法是高校田径运动教学中运用最为频繁的一种教学方法，作为一种基础的教学方法，它几乎贯穿于整个田径运动教学过程中。讲解法主要是教师通过语言描述的方式向学生说明教学的任务、内容、要求、动作名称、动作要领等，以达到一定的教学效果的方法。在田径运动教学的初期讲解法是最主要的教学方法，教师通过讲解法向学生描述田径运动技术的基本动作和难点要点，让学生对所学的田径运动技能产生一个初步的认识和了解，其目的也是为今后的实践教学打好基础。教师在运用讲解法进行教学时，要注意其科学性和艺术性特点，以提高自己的教学效果。教师在教学过程中要不断进行经验的总结，在语言表达上要做到精益求精。

2. 口头评讲法

在高校田径运动教学过程中，口头评讲教学法是体育教师在一定的标准和要求下，对学生的练习或比赛进行一定客观评价的方法。口头评讲主要是教师对学生掌握田径运动技能的情况和思想作风等方面表现的一种反馈，通常以口头形式的即时反馈为多。即在学生结束练习后马上进行指导或提出新要求。因为一般对动作的记忆大多是在大脑皮层的短时间储存，超过 25～30 秒就会消退 25%～30%，因此口头评讲最好在完成动作后的 25～30 秒内。

在高校田径运动教学中，语言法是一种行之有效的教学方法，它可以通过有效的语言反馈使学生从外部获得自身所做动作正确与否的信息，对学生掌握田径运动技能提供了有利的帮助。这种对某一特定技能的正确理解方式有利于大脑对动作的记忆和动作定型。因此正确有效地运用语言教学法，可以有效地加快学生学习田径运动技能的进程。

（二）直观教学法

直观教学法是指教师在高校田径运动教学中充分动员学生的各种器官使其感知动作的教学方法。这种教学方法主要有以下几种具体的形式。

1. 动作示范

动作示范是高校田径运动教学中帮助学生认识和了解技术动作的一种基本方法。它是教师（或学生）以具体动作为范例，帮助学生对所要学习的动作规范、结构、要领和方法进行充分的了解。学生可以通过正确优美的动作示范建立正确的动作表象，提高学习的兴趣。例如蹲踞式起跑、滑步推铅球等技术的动作示范。

2. 教具和模型

教师在高校田径运动教学过程中经常会使用一些教具和模型来进行辅助教学，主要形式就是通过挂图、图表、照片等直观教具来对教学内容进行诠释，帮助学生建立正确、完整的动作表象。动作示范往往是一晃而过，而教具则可以长时间的观摩，而且还可根据情况突出某个细微的环节，所以应充分利用图表、模型和照片等直观教具。采用该方法有助于学生建立正确的动作形象，了解技术动作的全过程。

3. 电化教育

随着现代化技术的不断发展，越来越多的现代化技术被运用到了学校教学过程中。在田径运动教学过程中，高校教师就经常会利用电视、录像、多媒体等现代电化教学手段来进行教学，这是一种生动、形象、富有真实感的一种教学方法。通过电视、录像等电化教学手段可弥补在实际训练或比赛中对动作印象不深的缺点。特别是通过对一些经典赛事的重放和慢放可以更加清楚和形象的帮助学生理解田径运动技术动作在实践中的运用方法。灵活运用这种教学方法，可以调动学生学习田径运动的兴趣，有助于学生明确技术的进程，还可以根据教学的需要放慢动作，甚至定格，对动作进行深入的分解和剖析。

（三）练习教学法

在高校田径运动教学过程中，练习教学法与语言教学的地位同等重要，它是在讲解与示范的基础上进行的。根据不同的划分标准，我们可以将练习分为以下几个方面。

（1）按形式可分为：完整练习、分解练习、简单条件下的练习和复杂条件下的练习。

（2）按田径运动的技术特点可分为：个人技术练习、配合性练习等。

教师在使用练习教学法时，还应该注意所选的练习方法要讲求实效，并对练习的负荷进行严格的把控，避免学生在练习过程中出现运动损伤。

（四）预防和纠错教学法

在高校田径运动教学中，学生难免会因为各种原因，而产生这样或那样的错误动作。而这些错误的动作如果不能得到及时的发现和纠正，学生就很容易形成错误的动力定形，最终影响学生掌握正确的技术动作和技术水平的提高，更严重的还会造成学生的运动损伤。因此，在教学中，教师必须采取积极有效的措施，来预防和纠正学生所出现的一些错误动作。

1. 预防教学法

预防教学法是指高校教师在进行田径运动教学时，利用有效的预防措施和手段防止学生在学习中犯错的教学方法。在高校田径运动教学实践过程中教师应根据具体的教学内容、教学目标、教学对象合理组织教学，对学生可能产生的错误给予提醒，防止和减少学生产生错误动作或错误的理解。

2. 纠错教学法

高校体育教师应对学生个人出现的错误或班组集体存在的共性错误以及战术配

合中形成的错误，积极采取相应的纠错手段和方法。其中，教师常用的纠正错误动作的方法有正误对比法、矫枉过正法、降低难度法、附加条件法、限制教学法等。

预防教学法和纠错教学法都是为了防治学生在田径运动练习中出现错误的教学方法，两者往往结合使用。所不同的是预防法具有超前性特点，需要教师能够预见学生在操作过程中可能出现的障碍和错误，而纠错法则具有实时性特点，需要教师针对学生出现的错误进行及时准确的纠正。

（五）游戏教学法

游戏教学法是指以游戏的方式，在规则允许的范围内，充分发挥学生的主动性和创造性，以达到高校田径运动教材内容所规定的目标而组织学生进行学习的一种方法。游戏教学法可以充分发挥个人的主动性和创造性，其运用起来也较为简单，且非常容易被学生接受，也是最受学生欢迎的教学方法之一。合理组织和运用游戏教学法，有助于提高学生的学习兴趣，提高学生的身体活动能力，全面发展学生的身体素质，充分调动学生的主动性和创造性，使学生在愉悦的运动体验中掌握田径运动技术的运用方法。

（六）竞赛教学法

在高校田径运动教学中，竞赛教学法不仅是一种教学方法，也是一种检查教学的手段，是达到检验教学效果和提高田径技能运用能力的一种教学方法。这种教学方法不仅能促进学生最大限度的发挥机体功能，而且还有利于学生的比赛应变能力和比赛时对心理的调控能力的提高，更能达到培养学生果断勇敢、机动灵活、团结协作、不骄不躁等的优良意志品质的形成。通常我们可以根据以下不同形式来对比赛教学法进行分类。

（1）根据内容：专门性的比赛、战术比赛、实战性比赛。

（2）根据比赛的分数：规则规定的比赛、特定比分比赛。

（3）根据比赛的规模与气氛：内部比赛、公开比赛。

二、田径运动教学的现代教学方法

（一）掌握学习教学法

掌握学习教学法是以传统的集体教学方式为核心，以基本能力和能力倾向各有差异的学生组成的学习集体为前提，而进行的合理性个别化教学活动。这是一种开放性的教学方法，可以帮助绝大多数学生达到既定的教学目标，实现教学的大面积丰收。群体教学是掌握学习法的实质，在掌握学习教学法的运用过程中，它会予以每位学生频繁所需的反馈信息和个别化的矫正与帮助。而高校教师要想在田径运动教学中运用好掌握学习教学法在高校田径运动教学过程中，目标分类体系是教师以田径运动教学的目的与任务和初始测量的结果为主要依据，将所教授的田径运动教材内容分解成为具有不同层次的目标体系。在确立好教学的目标体系后，教师应以此为依据制订出相应的教学评价标准。在教学的开始、过程之中和教学结束，分别对教学状态进行评价。开始阶段为初始评价，过程之中为形成性评价，结束时为终结性评价。然后将评价所得的结果作为反馈信息提供给教师和学生，使教师始终了解教学目标的达成度，通过重复教学、调整、强化和个别辅导等具体措施，分层次地实现教学目标，最终达到所有学生都得到提高和发展的教学目的。其整体模式如图 4-4 所示。

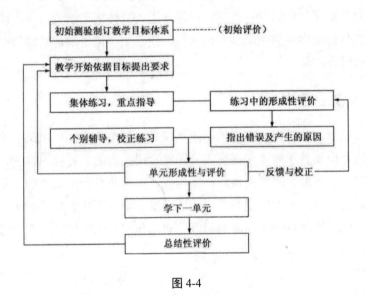

图 4-4

（二）指导发现教学法

在高校田径运动教学中，指导发现教学法是指在教师指导下，学生身临教师创造的学习情境，通过主动的观察、分析、体会、归纳等学习活动，独立发现问题、解决问题的过程，并在知识的定向作用下，通过有序的练习形成运动技能，培养良好的发现学习习惯，使知识、技能和能力都得到发展的一种方法。其整体的教学模式如图 4-5 所示。

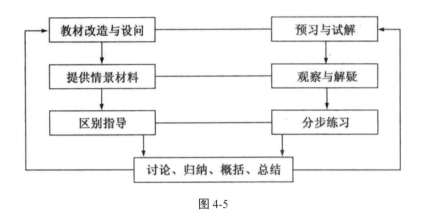

图 4-5

（三）程序教学法

　　程序教学法是一种典型的现代教学方法，它也被称为学导式教学法或小步子教学法。它依据认知规律和技能形成的规律，将田径运动不同项目中的不同技术教学内容分解成为若干个相互联系的小步子，使之组成便于学习的逻辑序列，并且还建立相应的评价信息反馈系统。在教学开始以后，学生依据小步子进行学习，学习后及时进行评价，依据评价结果对学习效果进行即时反馈。如果没有达到标准，则返回去重新学习，并配以相应的校正措施；如果达到了预定的标准，那么进行下一步学习，程序教学法的整体模式如图 4-6 所示。

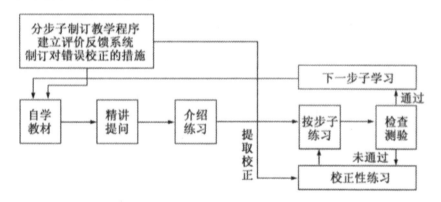

图 4-6

（四）合作学习教学法

　　根据社会学习理论，教师可以将田径运动教学组织作为一个社会活动的过程来进行。教师可以在自愿原则的前提下，将学生分为人数不等的若干学习小组，练习时要以小组为单位结成"伙伴对子"。并在小组内选出技术骨干，并让优生帮助差生。在教学过程中，教师要多运用小组练习、小组竞赛和小组评价等方法组织学生进行田径运动具体技术的练习活动，在小组和伙伴的合作活动中掌握田径运动基本技术教学的内容，使学习成为学生之间合作的活动，在和谐的人际关系和愉快的合作学习环境中完成学习任务。

第五章 高校田径运动课程教学的体能训练研究

第一节 田径运动的力量素质训练

一、力量素质训练概述

（一）力量素质的概念和分类

力量素质是指人体的肌肉系统工作时克服或对抗阻力的能力。肌肉力量是人们完成各种动作的动力来源。特别是在以体能为主导因素的田径运动中，大多数项目把力量素质视为决定运动成绩的关键因素。田径运动员力量素质水平的高低，对其速度、耐力等有着重要的影响，也是掌握和发挥田径运动技术的重要基础。

正确地认识力量的分类和力量组成成分，能使教练员有效地安排和选择力量训练手段，提高力量训练的效果。

力量的分类方法有多种，一般按力量的训练学作用划分为最大力量、速度力量、力量耐力。

1. 最大力量

指肌肉通过最大随意收缩抵抗无法克服的阻力过程中所表现出的最高力值。最大力量取决于传入肌肉的神经冲动的强度和频率，取决于肌肉收缩的内协调能力和关节角度的变化。

2. 速度力量

指肌肉尽快和尽可能高地发挥力量的能力。速度力量取决于肌肉的收缩速度和最大力值，可用速度力量指数表示。

速度力量由起动力量、爆发力量（通常称爆发力）和制动力量组成。

起动力量：指肌肉收缩 50 毫秒内达到最大力值的能力。

爆发力量：从运动训练学角度看，爆发力量是指肌肉在最短时间内产生最高收缩速度和最大力量以克服阻力的能力。从运动生理学角度看，爆发力是指人体在短时间内能完成的最大做功能力。

制动力量：指在迅速改变运动方向的过程中，肌肉克服阻力，产生最大负加速度的能力。制动力量取决于肌肉的退让与超等长工作的能力。

3．力量耐力

指肌肉在静力或动力性工作中长时间保持肌肉紧张用力而不降低工作效果的能力。

力量耐力又可分为动力性力量耐力和静力性力量耐力。动力性力量耐力由最大力量耐力（发挥最大力量的能力）和快速力量耐力（重复发挥快速力量的能力）两种组成，主要表现在田径、游泳、球类、体操等快速力量项目中；静力性力量耐力主要表现在射击、射箭、摔跤和支撑性运动项目中。

（二）力量素质训练的要求

1．掌握正确的呼吸方法

由于憋气有利于固定胸廓，提高腰背肌紧张程度，因而用以提高练习时的力量，有人进行背力测定研究发现，憋气时的背力最大为 133 公斤，在呼气时为 129 公斤，而在吸气时力量最小，为 127 公斤。虽然憋气可提高练习时的力量，但用力憋气会引起胸廓内压力提高，使动脉的血液循环受阻，而导致脑贫血，甚至会发生休克。为避免产生不良后果，力量练习时必须注意以下几点。

（1）当最大用力的时间很短，但有条件不憋气时就不要憋气，尤其在重复做不是用力很大的练习时，应尽量不憋气。

（2）为避免用憋气来完成练习，对刚开始训练的人，所给予的极限和次极限用力的练习量不要太多，并让其学会在练习过程中完成呼吸。

（3）在完成力量练习前不应做最深的吸气，因为力量练习时间短暂，吸的气并不会立即在练习中产生作用；相反，深度吸气增加了胸廓内的压力，此时如再憋气就可能产生不良反应。

（4）由于用狭窄的声门进行呼气几乎可达到与憋气类似的同样大的力量指标，因此做最大用力时，可采用慢呼气来协助最大用力练习的完成。

2．系统安排力量训练

根据用进废退原理，力量训练应全年系统安排。研究表明，力量增长得快，停止训练后消退得也快。如果停止了力量训练，已获得的力量将会按增长速度的 1/3 消退（海丁格尔，1961）。训练获得的力量，停止后虽然会逐渐消退，但一部分力量会保持很久，甚至会永远保持下来。根据优秀运动员的训练经验，每周进行 1～2 次力量训练，可保持已获得的力量；每两周进行 3～4 次力量训练，力量可望获得增长；

每周进行 4～6 次力量训练，力量可获得显著增长（万德光，1988）。力量训练不宜在疲劳的状态下进行，否则就不是发展力量，而是发展耐力了。

3. 运用"超负荷训练"以获得超量恢复

优秀运动员的力量训练是建立在"超负荷训练"的基础之上。所谓"超负荷训练"就是指要求肌肉完成超出平时的负荷的运动。"超负荷训练"通常会引起肌肉成分特别是肌蛋白的分解。"超负荷训练"会导致超量恢复的产生。在超量恢复的整个过程中，肌肉的成分会重新组合，肌蛋白含量得到提高，从而使肌肉更加粗壮有力。因此，要经常不断地安排"超负荷训练"，以引起超量恢复，达到迅速发展力量素质的目的。

4. 力量训练手段和专项动作应力求一致

大多数运动项目的动作结构、用力方向、参与肌肉的用力形式及其工作方式、关节角度等均各有其自身特点。因此，发展力量时要努力做到一般力量训练与专项力量训练相结合。在安排力量练习时，必须对所从事的专项进行全面深入的分析研究，例如，通过对专项技术的影片分析，了解专项动作结构、关节角度、环节运动的幅度；通过肌电研究了解主要肌群的用力特点、工作方式；通过计算了解采用什么负荷最有利于发展专项力量和一般力量。

5. 针对运动员个人特点进行训练

由于运动员的年龄、训练程度、健康状况、技战术风格、训练水平、身体素质等均存在显著的个体差异，因此力量训练的安排必须根据运动员的个人特点因人而异，区别对待。另外，青少年时期脊柱正处于生长发育阶段，因此，力量训练必须根据渐进性和适应性原则，进行科学合理地安排，以促进力量水平的迅速提高。

6. 针对女子生理特点进行训练

女子肌纤维比男子纤细，肌肉质量约占体重的 35%，而男子大约为 43.5%；女子单位面积肌肉为男子的 96%，但肌肉绝对力量仅为男子的 60%～80%，爆发力约为男子的 42%～54%。此外，女子的骨骼也比男子纤细，骨重量为男性的 60%左右，骨骼的抗断、抗压和抗弯能力均比男子差。这些特征决定了在力量项目上女运动员难以与男运动员相比，因此在力量训练时应当考虑女子的生理特点，制订切实可行的计划，特别注重肩带、上肢、腹部和骨盆等薄弱环节的肌肉力量训练。

（三）力量素质训练的注意事项

（1）不可单独训练，需要结伴训练以互相保护。

（2）尽量采用必要的保护器具和安全器材。

（3）注意采用正确的练习动作和身体姿势。

（4）负重力量练习时，尽量避免采用身体激烈震动和扭转的练习。

二、力量素质训练的方法

（一）发展最大力量的训练方法

1．大强度重复刺激法（精疲力竭法）

大强度重复刺激法又可称为持续不断地重复用力的方法，简称重复法。要求在规定的大强度范围内（不低于最大重量的 75%，不高于最大重量的 90%），重复次极限紧张直至精疲力竭。也就是说，每个重量每一组都要做到力竭，甚至还要坚持再做 1～2 次。

它的特点是：①精疲力竭。要求按规定的重量做规定的次数，最后两次应是最难完成的次数。坚持完成就能有效地刺激肌肉，增大肌肉体积，这就是突出次数的特点。职业健美运动员为了突现肌肉线条，发达肌肉体积，非常强调坚持最后两次艰难的试举。②重量和次数。重量的大小随次数的增加而增加，次数增加了，肌肉体积增加了，力量也就提高了。然后重新提高训练重量，规定重复次数，如此循环往复。③最适宜刺激。对神经肌肉给予最适宜的刺激，能使更多的肌纤维和运动单位投入运动，有利于增大肌肉力量。④内分泌加强。刺激和发展肌腱、韧带以及内分泌，能提高激素的动用水平。

2．高强度短期刺激法（强度法）

高强度短期刺激法又称为最大限度地短促用力的方法，简称强度法。要求在高强度负荷范围内（不低于最大重量的 85%，最高达最高重量的 100%），做短期最大用力重复次数的刺激，直到机体产生极度疲劳的一种方法。

它的特点是：①强度法能够发展一次性的最大爆发式用力，符合某些力量性项目所谓最短时间的最大用力的特点要求。像举重、投掷、百米短跑、摔跤、柔道等项目。②强度法对神经肌肉刺激强烈而集中，有利于提高神经肌肉兴奋过程的强度，培养巨大的心理承受能力。③强度法能刺激和发展激素的分泌，大量消耗蛋白质和磷酸肌酸，加强蛋白质的合成与分解，促进肾上腺皮质激素的分泌。如我国优秀举重运动员何灼强睾酮水平达到 1580 毫克/分升。④强度法重复次数少，刺激强度大，既能发展最大爆发力，又能增长肌肉力量，发展肌间协调性，而肌肉体积增加不多，对许多项目均适用。

3．最高强度集中刺激法（极限强度法）

最高强度集中刺激法，顾名思义是最高强度的集中刺激（不低于最大重量的

90%，可高于最大重量的 100%），直到刺激使神经肌肉系统产生多次极度疲劳的一种方法。这是除举重之外的其他运动项目无法做到的，不过，现在一些竞技项目也在学习这种训练方法。

这种方法的特点是：①非常突出强度。几乎每周每天每项都要达到接近甚至超过本人当天的体力极限，然后减 10 公斤做两组，再减 10 公斤做两组。这种方法有效地淡化了极限强度的界限，锻炼了冲击机体极限的竞技能力，使劣势原则更好地向优势原则转化。②向极限挑战。要求在数量上攻克极限进而达到质量上攻克极限，在规定的时间内完成的高强度组数越多越好。一般能做 10～15 组。③阶梯式代替周期式。两周为一个阶梯，成绩就上一个阶梯，下降则返回原来阶梯。④深化刺激。不断强化刺激，使机体内部发生激烈变化，尤其是起重要作用的激素水平因强化训练而急剧下降。⑤揭示人体奥秘。向人体极限能力挑战，揭示人体在神经、肌肉、骨骼、肌腱、韧带、内脏器官、内分泌系统、心理承受力、意志力等方面的潜在能力，寻找其薄弱环节。从本质上来说，薄弱环节就是能力的极限，应及时攻克薄弱环节，及时补短，也就超越了极限。

4. 高度紧张的静力练习法（静力法）

静力性力量练习是指肌肉在高度紧张用力时，其肌肉长度不发生变化的力量练习。一般采用较大重量的负荷（或阻力），以递增重量的方法进行训练。因为机体所负重量越大，由肌肉的感觉神经传至大脑皮质的神经冲动也越强，从而引起大脑皮质指挥肌肉活动的神经细胞产生强烈兴奋，如经常接受这种刺激，就能提高它们的兴奋强度，并吸引更多的肌纤维参加工作，从而提高肌肉的最大力量。

近几十年来，静力练习不仅作为发展肌肉力量的有效手段，而且也作为损伤后进行积极恢复正常功能的手段，在体育界得到广泛运用。

实践中完成静力练习有三种做法。

①先动后静法。即先把重量举起来，保持静力支撑数秒钟，然后放下。例如，负重深蹲，当起立至半蹲姿势时静力不动 6 秒。

②试举力所不及的重量（或阻力）或尽全力也不能移动的重量，坚持 4～6 秒。例如，上推固定的横杠，全力上推坚持不动 4～6 秒。

③分段静力法。可将完整动作分段完成静力。例如，弯举时，肘角在 45 度、90 度、135 度各静力 6 秒，或者下蹲时，膝角在 45 度、90 度、135 度各静力 6 秒。

由于完成高度紧张的极限用力的静力练习看不到用力的效果，故运动员要严格地按教练员要求认真、自觉地去做，不能偷懒，更不能假装用力，而要全力以赴。

静力练习的特点是。①用力时间长。发展静力性紧张达到最大限度的时间不少于 6 秒。在无氧憋气的条件下完成动作，容易产生疲劳，所以刺激神经肌肉系统也最为深刻。②固定角度。肌肉可在固定关节角度训练，由于不运动，所以可以避免受伤的危险。③逐渐紧张。做静力练习时，需要使肌肉紧张逐渐增加或逐渐减少。用跑表计时。④补偿作用。可以对因动力练习而忽视的部位加强训练，如最大阻力的关节角度训练。⑤练后放松。静力练习应安排在技术训练之后来完成，每次练完后要做放松练习。⑥简单易行。器械简单，便于操作。利用一把椅子、一张桌子、门框等就可做静力练习。⑦效果好。训练时间少，用力时间长，效果显著。

5. 超负荷的退让性练习法（退让法）

所谓超负荷的退让性练习就是指由原来向上举动作的肌肉做下放消极退让工作。它是动力练习的反向练习，也就是说，如果动力练习称之为积极（上举的）练习，那么退让练习就可称为消极（下放）练习。由于下放主动肌被迫拉长，由对抗肌承担用力，加之地心引力的作用，所以退让性练习能承受较动力练习大得多的负荷，因而给神经肌肉系统更强的刺激，故名超负荷。

超负荷的退让性练习法的特征是：①重视放下过程。通常人们只重视向上举的过程，往往忽视放下过程。当举起杠铃之后，不要把杠铃抛下，而要缓慢将它放下。实践证明，放下过程也是一种力量练习，而且是一项节省能量的易被忽视的力量练习。根据研究结果，从能量价值来看，退让性练习是克制性练习的 50%。②效果显著。研究表明，退让性练习的训练效果较其他力量练习增长力量更大，效果更好。③注意向上快、向下慢的动作节奏。做退让性练习时，肌肉的最大张力要比静力练习时的最大张力大 20%～60%，完成动作的速度较动力练习要慢一倍以上。在一组练习中，运动员先慢速完成大量的退让性练习，再快速完成克制性练习，杠铃重量应是最大重量的 80%。④对抗肌要加强。退让性练习能有效地发展对抗肌的力量，使伸肌和屈肌之力得以平衡。据测定，优秀举重运动员的伸肌力量是屈肌力量的 2.86 倍，所以应适当加强屈肌力量的训练（沃洛比耶夫，1977）。⑤利用肌肉弹性，可以有效地拉长用力肌群。一部分能量还原为化学能，既有即时效应（制动），又有储能效应（反弹），提高肌肉的弹性，发挥其效能。

（二）发展速度力量的训练方法

速度力量的决定因素是肌肉收缩速度。许多运动项目都是在快速节奏或爆发用力的情况下完成的。器械的出手速度，投掷时的鞭打速度，各种情况下的起动速度，体操的团身、转体速度等，都是速度力量的突出表现。速度力量的典型表现形式主要有爆发力、起动力、反应力等。

1. 爆发力的训练

爆发力是指以最短的时间（150 毫秒以内）、最大的加速度克服一定阻力的能力。

爆发力的大小是由参与活动的所有肌肉群的协同用力来决定的，它是速度力量项目运动水平的决定因素。爆发力的提高也同样有赖于最大力量水平的发展。如果最大力量发展不够，爆发力则不能达到很高水平，所以，发展最大力量的训练方法同样也适合于发展爆发力。

施罗德认为，爆发力训练的主要特点是用于训练中的主要刺激，与完成动作的类型及发力的大小密切相关。例如，疾跑时运动员腿部力量的冲力可达到其自身体重的 3.5 倍，而投掷标枪时，其腿部力量相对小得多（伊万诺娃和韦斯，1969）。因此，爆发力训练的主要刺激是加速度。在非周期性运动项目中（如跳远、投掷），爆发力是取得优异成绩的决定因素，而在周期性项目中（如短跑），爆发力则是被反复而快速地运用。因此，应根据不同项目特点发展爆发力。发展爆发力的方法主要有快速用力法和超等长性练习法等。

（1）快速用力法。快速用力法（表 5-1）的练习特征是以最快的收缩速度，克服一定的器械重量，以发展运动员的爆发力。它包括以下两种训练形式。

①中等强度快速用力法。其特点是用 70%～85% 的强度，用最大速度练习 4～6 组，每组重复 3～6 次。这种方法对提高肌肉力量的爆发性发挥极为有效，特别是采用抓举、挺举等形式（或高抓、高翻挺）。田径运动中的投掷和跳跃、体操、击剑、跳水以及任何有起跳动作的非周期性运动（如排球）项目，爆发力的大小都直接影响着运动成绩。因此，可采用这种方法发展爆发力。另外，也可安排负荷较小但快速完成的练习（如实心球练习等）。

②小强度快速用力法。其特点是采用 30%～60% 的强度，练习 3～6 组，每组 5～10 次，进行专门发展爆发力练习，并使练习的结构和肌肉工作方式尽量接近比赛动作。

快速用力法的原理在于速度的增长就是力量增长的标志。快速用力法有利于培养运动员的速度意识及快速运动反射的传播。

表 5-1　快速用力法的负荷特征

负荷强度（%）	70～85	30～60
组数	4～6	3～6
每组次数	4～6	5～10
动作速度	爆发式	爆发式
间歇（秒）	3～4	3～4

（2）超等长练习法也叫超长训练法。它实际上是一种把退让练习与克制练习结合在一起的训练方法。超等长练习时，肌肉先做退让工作，使肌肉被极度拉长，然

后再尽快转入克制工作。这种练习的目的在于使纯力量转变成爆发力。其生理机制是牵张反射，即肌肉在退让工作时，肌肉被拉长得超过自然长度，于是引起牵张反射，从而能够产生一种更强有力的克制性收缩，以有效地发展爆发力。

超等长练习发展爆发力的方法和练习内容主要有跳深练习和各种跳跃练习，如用最大速度进行原地纵跳、蛙跳、连续跳台阶、跳栏架、多级跳、跳上、跳下、跳箱等练习。超等长练习的内容、组数和次数，可根据训练要求和运动员个人的具体情况选定。

2. 起动力的训练

在最短时间内（通常不到 150 毫秒）最快地发挥下肢的肌肉力量，称之为起动力。运动实践证明，最大力量水平是起动力的基本成分，许多力量型运动员（如举重、投掷运动员），尽管其体重大大超过 100 公斤，也未从事过专门的短跑训练，但他们的起动速度都非常出色。

发展起动力的方法很多，以下几种练习对发展起动力具有积极作用：

（1）利用地形的各种短跑练习，如沙地跑、上（下）坡跳、跑阶梯等。

（2）利用器械、仪器的各种跑得练习，如穿加重背心的起跑加速、加速跑突然改变动作方向跑、计时短跑、系铅腰带的加速跑、负轻杠铃短跑等。

（3）利用同伴的各种加阻力（助力）的加速跑、牵引跑、听信号改变起跑的准备姿势跑等。

此外，发展弹跳反应力的超等长练习法，如跳深和各种跳跃练习，也是发展起动力的有效手段。

3. 反应力的训练

反应力是指运动着的人体迅速制动，并以很高的加速度朝相反的方向运动的能力。当人体运动时肌肉链制动着人体运动速度，引起牵张反射。在制动的离心阶段，活动的肌肉被拉长，在加速的向心阶段，肌肉迅速收缩、缩短。所以，反应收缩形式是一种高度活动的肌肉拉长——收缩周期形式（比勒，1986）。

反应力主要有两种：一种是以跳跃为主的弹跳反应力；另一种是以击打、鞭打、踢蹬为主的击打反应力。这两种收缩形式的差别在于不同的刺激关系。以跳深为典型的反应形式中，肌肉拉长是因为制动向下运动的身体受重力作用被迫进行的，人们习惯称之为超等长练习。相反，以击打为典型的反应形式中，肌肉拉长是因为对抗肌用力而引起的，这种被拉长的肌肉并不是积极的，因此，拉长——收缩周期较跳深时慢得多（万德光，1988）。

（1）弹跳反应力的训练。发展弹跳反应力的方法也主要采用超等长训练法，训练内容主要有以下三方面。

①跳深练习：下落高度 50～110 厘米。如采用较低高度，有利于发展最大速度；采用较高高度，可发展最大力量。要求跳下后立即向上跳起，尽量跳高。这种练习每周可安排两次，每次 4 组。

②负重半蹲练习：采用颈后深蹲最大负荷的 90%～130%的强度做负重半蹲练习，每周安排两次，每次 4～6 组，每组 3～5 次。也可采用负重半蹲起跳或负重半蹲跳来发展弹跳反应力。

③各种跳跃练习：用最大速度做原地多次纵跳、跨步跳、多级跳、负重连续跳、单足跳、多级蛙跳、连续跳过低栏架、连续跳台阶、跳上跳下等。优秀运动员还往往把短跳练习和长跳练习结合起来进行训练。另外，美国篮球运动员多采用手持轻哑铃蹲跳起、肩负杠铃蹲跳起（22.5 公斤）、负重分腿跳（45 公斤，要求快速）、负重提锤（70 公斤）等练习来发展弹跳反应力。

（2）击打反应力的训练。许多竞技运动项目都有击打、鞭打、踢踹、出手等动作。发展击打反应力，特别是发展对抗肌的力量能力是这些运动项目训练的重要任务。在优秀运动员中发展击打反应力，主要有以下几种训练方法。

①退让性练习法（即离心收缩，发展对抗肌力量）。

a. 卧推：负荷 110%～150%，即超过自己最大负荷 10%～50%。加助力推起，加保护慢放下。

b. 深蹲：方法同上。

c. 仰卧直臂下压：两手持哑铃，直臂下压时快，直臂后摆时慢。

②模仿性练习法（发展对抗肌和击打速度等）。如利用滑轮拉力器、橡皮器、石块、短棒等模仿击打、投掷、踢踹等动作，用轻杠铃快速平推以发展出手的速度力量等。练习时应注意动作完成的幅度，完成动作前的拉长动作以及具有足够引起鞭打性的肌肉紧张。开始位置（关节角度）必须和比赛动作的开始位置一致，根据所选负荷和运动员的训练状态，此练习每组不得超过 5～8 次。

（三）发展力量耐力的训练方法

1. 扩展间歇法

扩展间歇法是指以中小刺激强度的耐力负荷长期对抗疲劳的能力。这种方法要求运动员有能力完成较高的有氧物质交换过程的耐力工作和较低的无氧物质交换过程的耐力工作。

有氧能量供应可能是毛细血管在最大力量的 50%以下的紧张时不会完全关闭，活动的肌肉在一定的收缩阶段还有氧气和营养物质供应的缘故。由于中等运动速度和间歇时间长，容易获得能量。

　　明显增加毛细血管厚度和线粒体的大小是肌肉在耐力训练中的典型适应现象，增厚的毛细血管不仅有效地改善能量物质和氧气供给，而且也促进物质交换产品的排泄。线粒体的增多、增大能保证有效利用更多的氧气。

　　从肝脏输入血液进入肌肉的糖元是长期中小负荷耐力训练的能源，扩展间歇法训练后，会提高肌肉和肝中的糖元。

　　适应现象还表现在能调节心脏循环系统，使物质交换过程达到高水平。

　　2. 强度间歇法

　　强度间歇法不仅改善运动员抗大、中刺激强度短期耐力负荷的能力，也改进其恢复过程。这就是说，运动员在一定的时间内通过有氧和无氧物质交换完成更大的耐力训练。它不同于扩展法的是负荷量小，强度较高。

　　肌肉和肝内糖元是强度法的能源，快速分解使工作肌中糖元递减，会刺激恢复阶段的重建，达到并超过开始水平（超量恢复），使肌中和肝中糖元在计划负荷中，尤其在强度间歇法后的重复训练后明显提高。

　　例如，民主德国优秀的游泳运动员发展力量耐力的方法是：每个练习要求 1 分钟做 20 次，间歇 15 秒，接着下一组 1 分钟做 20 次。两次完成包括 20 个练习的综合训练，即每个练习要做 40 次，全部练习做完将近一个小时。

　　3. 循环训练法

　　在力量训练的形式中，人们广泛采用循环训练法来发展力量耐力。循环训练法是指练习者按先后顺序依次设站编组，进行身体不同部位、不同肌群的力量练习。每组练习之后，经适度间歇重复练习至若干组的训练方法。训练目的在于发展和改善力量耐力等素质，同时提高呼吸、循环系统的机能能力。练习时，以最大负荷次数的一半为基础。根据"渐进负荷"和"递增负荷"的原则，因人而异地规定每个练习的负荷量、重复次数和动作速度。每组 8～12 个练习，重复练习 3～6 组（一般为 3 组）。

　　循环训练有 3 种：①持续循环练习，练习之间无间歇，负荷量大，强度小，用于发展力量耐力。②重复循环练习，练习之间间歇长，机体基本恢复后再开始做下一站的练习，负荷量中等，强度大，用于发展最大力量。③间歇循环练习，练习之间的间歇受到严格控制，在机体尚未恢复时，就开始做下一站的练习，负荷量中等，强度较大，适合于发展力量耐力和快速力量。由于这种方法生动活泼，因人而异，所以还可以提高练习者的兴趣和积极性。

三、力量素质训练的手段

（一）臂部力量训练

1. 上臂力量训练

（1）窄握距卧推

①方法：仰卧在卧推架上，窄握杠铃（握距不超过 30 厘米），两臂伸直，举杠铃于胸前并下放至胸部，同时两肘外展，把杠铃推起时尽量使用肱三头肌力量，并反复练习。

②作用：主要发展肱三头肌外侧头以及胸大肌、三角肌力量。

（2）仰卧颈后臂屈伸

①方法：仰卧，头伸出练习凳端数厘米，两手分开 30 厘米，反握杠铃，举在胸前，然后屈肘把杠铃慢慢放下，降至练习凳端，再伸肘把杠铃举回胸前，反复进行。此练习法也可用哑铃进行。

②作用：主要发展肱三头肌力量。

（3）颈后臂屈伸

①方法：身体直立，两臂上举反握杠铃（也可正握，但反握比正握效果好），握距同肩宽，做颈后臂屈伸动作。做时两臂固定在头的两侧，两肘向上，上体不动，尽量后屈。也可用哑铃、杠铃片等重物进行练习。

②作用：主要发展肱三头肌力量。

（4）颈后伸臂

①方法：一腿在后直立，一腿在前。两手各握拉力器一端置颈后，两肘外展，两臂用力前伸使两臂伸直。整个动作过程中，保持头朝下姿势，并反复练习。

②作用：主要发展肱三头肌上部和外侧部力量。

（5）弯举

①方法：身体直立，反握杠铃，握距同肩宽，屈前臂将杠铃举至胸前。可坐着练习，也可用哑铃等器械练习，还可在综合练习器上进行手持杠铃或哑铃的练习。

②作用：主要发展肱二头肌、肱肌、肱桡肌等力量。

此外，也可采用仰卧弯举、肘固定弯举、斜板哑铃弯举进行练习。

（6）窄握距引体向上

①方法：两手间隔不超过 10 厘米，掌心朝下，屈腕成钩，钩住单杠。从悬挂姿势开始，向上拉起至下颌过横杠。然后两肘关节保持在较高位置，以肘关节为轴心，上臂慢慢放下 10～15 厘米，然后再向上拉起，直至颈部触及横杠。整个动作要缓慢、

有节奏、反复进行。

②作用：主要发展肱二头肌、肱肌、胸大肌和背阔肌力量。

（7）双臂屈伸

①方法：不负重或脚上挂重物，捆上沙护腿、穿上沙衣等，在间距较窄的双杠上做双臂屈伸。练习时身体成反弓形，两肘紧靠身体两侧。向下屈臂时要充分，还原后重新开始。

②作用：主要发展肱三头肌、胸大肌、背阔肌力量。

（8）仰卧撑

①方法：仰卧，两臂伸直撑在约 50 厘米高的台上或肋木上，屈臂时背部贴近高台（或肋木），然后快速推起至两臂伸直，连续做 10～15 次。也可将双脚抬高加大难度或负重物练习。

②作用：主要发展肱三头肌、三角肌、背阔肌力量。

2. 前臂力量训练

前臂力量训练主要采用少组数（3～5 组），多次数（16 次以上），组与组之间间歇很短的练习方法。训练时应不断提高负荷（强度），用大负荷量（大强度）给予前臂充分刺激，从而使前臂力量迅速、充分地发展起来。

（1）腕屈伸

①方法：身体直立，两手反握或正握杠铃做腕屈伸，前臂固定在膝上或凳子上，腕屈伸至最高点，稍停顿，再还原。也可坐着练习，用哑铃或杠铃片做交替腕屈伸。也可采用斜板腕屈伸练习。

②作用：主要发展手腕和前臂屈手肌群和伸手肌群力量。

（2）旋腕练习

①方法：身体直立，两臂前平举，反握或正握横杠，用屈腕和伸腕力量卷起重物，反复练习。

②作用：主要发展前臂屈手肌群和伸手肌群力量。

（3）斜板正握弯举

①方法：两手与肩同宽正握杠铃，把肘关节放在一块斜度约 40 度的木板上缘。掌心向下，慢慢将杠铃举起、放下。举起时，尽量把杠铃举至颈部。

②作用：主要发展深层屈指肌力量。

（二）肩部力量训练

肩部力量训练主要是指肩部肌群，特别是锁骨末端的三角肌的力量训练。肩部三角肌有三束肌肉，分为前部、侧部、后部，合起来围绕肩部形成一个圆球。每一束肌肉必须采用专门的动作，单个练习，才能使整个三角肌全面发展。另外，在发展三角肌力量时，做一些发展斜方肌的力量练习，更有效地发展肩部力量。下面介绍具体的技术动作。

1．胸前推举

①方法：两手持铃将杠铃翻起至胸部，然后立刻上推过头顶，再屈臂将杠铃放下于胸部，再上推过头顶，反复练习。也可用哑铃或壶铃练习。

②作用：主要发展三角肌侧前部肌肉以及斜方肌、前锯肌、肱三头肌力量。

2．颈后推举

①方法：身体直立，挺胸别腰（别腰即腰肌收紧），握距同肩宽，将杠铃高翻至颈后，然后将杠铃从颈后推起至两臂完全伸直，反复练习。练习时可坐着进行，也可采用宽握距或窄握距进行练习。

②作用：基本同胸前推举。

3．翻铃坐推

①方法：两手正握杠铃于体前下胸部，两臂上举杠铃稍高于头，然后被动用力将杠铃下放于颈后，再将杠铃从颈后推起，过头顶后，然后被动用力将杠铃慢降至体前下胸部，与开始姿势相同，反复练习。也可采用多种握距进行练习。

②作用：主要发展三角肌群和斜方肌力量。

4．两臂前上举

①方法：两手正握杠铃，与肩同宽。向上提起杠铃至头顶高举。上举时肘关节外展，杠铃始终保持在距脸部 30 厘米处。用稳定节奏反复练习。

②作用：主要发展三角肌侧部力量。

5．直臂前上举

①方法：两脚自然分开，身体直立，两臂下垂同肩宽持铃，直臂向上举起杠铃。也可用哑铃或杠铃片进行练习，还可做仰卧直臂上举。

②作用：主要发展三角肌前部、斜方肌、前锯肌、胸大肌力量。

6．持铃侧上举

①方法：两脚分开，自然站立，两手持哑铃（或杠铃片）置于肩部，上举过头后，两臂慢慢展开，掌心向下成侧平举。然后还原成开始姿势，重新开始练习。

②作用：主要发展三角肌前侧部及斜方肌、前锯肌力量。

7．直臂侧上举

①方法：身体直立，两臂下垂持哑铃或杠铃片，做直臂侧上举。也可做侧卧直臂上举、坐姿侧上举。

②作用：主要发展三角肌、斜方肌、前锯肌力量。

8．俯卧飞鸟

①方法：俯卧于练习凳上，两臂稍屈，向外侧举哑铃成飞鸟姿势，两臂还原时放松，反复练习。此动作也可采用直立飞鸟、仰卧飞鸟进行。还可用杠铃片进行练习。

②作用：主要发展三角肌后部以及斜方肌、胸大肌、大圆肌力量。

9．俯立侧平举

①方法：上体前屈与地面平行，两臂下垂各执一哑铃，然后两臂向侧举哑铃至最高点，稍停，然后控制缓慢还原。

②作用：主要发展三角肌、斜方肌、大圆肌的力量。

10．持铃侧前平举

①方法：两脚靠拢站立，双手持哑铃于大腿前，先向两侧同时举起哑铃，然后向前平举，还原至开始位置再重复。练习时，肘关节始终保持稍弯曲。

②作用：主要发展三角肌群力量。

11．两臂侧摆

①方法：两臂分开成站立姿势，两手持哑铃同时向一侧举起成"拉弓"姿势，放下后随即向另一侧举起，交替进行。练习时掌心始终朝下，动作连续，速度较慢。

②作用：主要发展三角肌侧部力量。

12．提肘拉

①方法：身体直立，正握杠铃，然后提肘将杠铃贴身上拉至下颌，稍停，再还原。也可采用多种器械和握距进行。

②作用：主要发展斜方肌、三角肌及肱二头肌力量。

13．快挺杠铃

①方法：两脚前后开立，两手同肩宽握杠铃置于胸前，向斜上方挺举，双腿可配合做前后交叉动作，连续挺举。练习时动作速度要快，手腿配合。

②作用：主要发展三角肌前部、斜方肌、前锯肌、肱三头肌力量以及身体的协调用力。

14．快速平推杠铃

①方法：两脚前后开立，两手正握杠铃于胸前，向前快速平推，连续练习。要求练习时动作速度快，可配合双腿做前后交叉练习。也可用哑铃进行练习。

②作用：主要发展三角肌前部、胸大肌、肱三头肌、前锯肌力量及冲拳速度和全身协调用力。

15．斜上推举

①方法：前后（或左右）分腿站立，双手比肩宽握杠铃，举起杠铃置于胸前，

连续向斜上方快速推举。要求斜上推举时两臂与上体夹角约为 135 度。每组练习 8～10 次，练习时两脚不得离开地面。也可用哑铃进行练习。

②作用：主要发展三角肌前部、肱三头肌、胸大肌、前锯肌力量。

16. 快推

①方法：两脚左右开立，两手持哑铃置肩部，两手交替快速向上推举或同时上推。

②作用：主要发展三角肌、斜方肌力量。

17. 倒立臂屈伸

①方法：面对墙，两手与肩同宽撑地，一脚后蹬，一腿后摆成背对墙的手倒立姿势。屈肘下落至肩部靠近支撑点，快速发力推起，反复练习。也可在倒立架上做。

②作用：主要发展三角肌、肱三头肌、背阔肌、斜方肌力量。

18. 直臂绕环

①方法：身体直立，两臂下垂持哑铃或杠铃片，做胸前直臂绕环。也可做仰卧直臂绕环。

②作用：主要发展肩关节周围肌肉力量。

19. 推小车

①方法：练习者直臂俯撑，身体挺直，同伴握其双踝抬起他的身体，做快速用双手着地的向前爬行练习。行走 15～20 米为一组。也可攀台阶，攀台阶上 20～30 级为一组。

②作用：主要发展肩带肌群力量。

（三）背部力量训练

背部力量训练的目的是充分发展人体背阔肌和大圆肌、斜方肌、冈下肌、小圆肌、前锯肌以及骶棘肌等肌群力量。在训练时要动作准确，并使肌肉充分收缩，从而使背部力量得到充分发展。

1. 高翻

①方法：两脚站距约同肩宽，双手正握杠铃，握距同肩宽，挺胸别腰，将杠铃提起至大腿中下部迅速发力，翻举至胸部，还原后再反复练习。

②作用：主要发展背阔肌、斜方肌、骶棘肌力量。

2. 持铃耸肩

①方法：身体直立，正握杠铃，然后以肩部斜方肌的收缩力，使两肩胛向上耸起（肩峰几乎触及耳朵），直至不能再高时为止。还原后反复进行练习。

②作用：主要发展斜方肌力量。

3. 俯立划船

①方法：上体前屈 90 度，抬头，正握杠铃。然后两臂从垂直姿势开始，屈臂将杠铃拉近小腹后还原 90 度角。然后迅速用力向上举起杠铃，再以稳定节奏反复进行练习。此动作也可用哑铃进行练习。

②作用：主要发展胸大肌下部、肱三头肌和三角肌力量。

4. 仰卧扩胸（飞鸟）

①方法：仰卧在练习晃上，两手各执一哑铃做向体侧放低与上举动作。放低时可稍屈肘，充分扩胸；上举时臂伸直。可采用不同斜度练习，也可用杠铃片做此动作。

②作用：主要发展胸大肌、三角肌和前锯肌力量。

5. 直臂扩胸

①方法：身体直立，两手各持一个哑铃或杠铃片，先直臂向胸前与肩关节成水平位置举起，然后直臂向两侧充分扩胸，还原后反复练习。

②作用：向前主要发展胸大肌、三角肌前部和前锯肌力量；向后主要发展背阔肌、三角肌后部和斜方肌力量。

6. 直臂侧下压

①方法：两臂侧上举各握住拉力器，然后用胸大肌和背阔肌力量做直臂侧下压，反复练习。也可做侧卧直臂下压。

②作用：主要发展胸大肌、背阔肌力量。

7. 宽撑双杠

①方法：脸朝下收紧下颌，弓背，脚尖向前，眼视脚尖。两手宽握双杠，屈臂使身体下降，然后引伸臂把身体撑起。屈臂时尽可能使身体降低一些，不要借力，反复进行。此动作也可脚上系重物或穿沙背心进行练习。

②作用：主要发展胸大肌下部、外部肌肉以及肱三头肌、三角肌、前锯肌力量。

8. 俯卧撑

①方法：俯撑在平地上或俯卧架上，两臂间隔同肩宽，然后屈臂将身体下降至最低限度，再伸直两臂将身体撑起。伸臂时两肘夹紧，身体始终挺直上下。可用头高脚低、脚高头低或背上负重三种姿势进行。两手可用宽、中、窄三种距离支撑。

②作用：主要发展胸大肌、肱三头肌、三角肌及前锯肌力量。

9. 俯卧撑推起击掌

①方法：俯卧，两臂伸直撑地，身体保持挺直。屈臂时，胸部接近地面，然后两手快速推离地面，要求击掌一次，缓冲落地。反复练习。

②作用：主要发展胸大肌、肱三头肌、三角肌及前锯肌力量和上肢与躯干的协调用力。

（四）腹部力量训练

腹部力量训练的重点是发展腹外斜肌、腹内斜肌、腹直肌和髂腰肌力量。腹肌收缩主要是用来缩短骨盆底部至胸骨间的距离。这种收缩动作在幅度充分的仰卧起坐或仰卧举腿中，只占很小一部分。因此，半仰卧起坐（即上体抬起幅度为全幅度的 1/4 或 1/2）等动作是比较好的发展腹部力量的方法。

1. 仰卧起坐

①方法：仰卧于凳上或斜板上，两足固定，两手抱头，然后屈上体坐起，再还原，反复进行，也可两手于颈后持杠铃片或其他重物负重练习。

②作用：主要发展腹直肌、髂腰肌力量。

2. 半仰卧起坐

①方法：平躺于地上或练习凳上，两手持杠铃片置于头后，两足固定。上体向前上方卷起，同时两膝逐步弯曲。练习时注意背下部和髋部不能因上体抬起而离开地面或练习凳。用力吸气，放松呼气。收缩时停两秒。另外，也可将负重物放在胸前上部进行练习。

②作用：主要发展腹直肌上部力量。

3. 蛙式仰卧起坐

①方法：仰卧于垫上，两脚掌靠拢，两膝分开，两手置头后，向上抬头，使腹肌处于紧张收缩状态，两秒钟后还原重新开始。

②作用：主要发展腹直肌力量。

4. 仰卧举腿

①方法：卧仰于斜板上，两手置身体两侧握住斜板，然后两腿伸直或稍屈向上举至垂直。

②作用：主要发展腹直肌、髂腰肌力量。

5. 悬垂举腿

①方法：两手同肩宽上举握住单杠，身体悬垂，然后两腿伸直或稍屈向上举至水平位置，反复练习。另外，也可在双杠上做两臂支撑的悬垂举腿。

②作用：同仰卧举腿。

6. 仰卧侧提腿

①方法：仰卧于垫上，然后侧提右膝碰右肘，触肘后停 1 秒。然后侧提左膝碰左肘，反复练习。

②作用：主要发展腹内、外斜肌力量。

7．屈膝举腿

①方法：屈膝，两踝交叉，两掌心朝下放在臀侧，仰卧垫上。然后朝胸的方向举腿。直到两膝收至胸上方，还原后重新开始。

②作用：主要发展腹直肌下部力量。

8．举腿绕环

①方法：背靠肋木，两手上举正握肋木悬垂，两腿并拢向左、右两侧轮换举腿绕环，反复进行。练习时绕环幅度要大，腿尽力举高。

②作用：主要发展腹直肌、腹内外斜肌力量。

9．负重转体

①方法：身体直立，颈后负杠铃，两足固定，然后向左、右转体至极限，反复练习。

②作用：主要发展腹内、外斜肌以及骶棘肌力量。

10．仰卧两头起

①方法：身穿沙背心、带沙护腿，仰卧在垫子上，身体保持挺直，两臂和两腿同时上举至体前上方，手触脚背后还原。连续做 15～20 次为一组。还可增加难度，腿部和背部下放时不触垫子，距垫子 10 厘米开始第二次练习。

②作用：主要发展腹直肌、髂腰肌力量。

11．元宝收腹

①方法：两手置脑后，平躺于地上或垫子上，上体卷起时，两膝收至髋部上方。上体卷起和收膝同时进行，直到两肘碰到两膝为止，并稍停 2 秒，反复练习。

②作用：主要发展腹直肌力量。

12．元宝收腹静力

①方法：仰卧，收腹，两臂和两腿同时上举，手触脚背成元宝收腹姿势，保持静止 30～60 秒。

②作用：基本同元宝收腹。

（五）腿部力量训练

1．颈后深蹲

①方法：上体正直，挺胸别腰，抬头，两手握杠将杠铃放置颈后肩上。做动作时保持腰背挺直，抬头收腹，平稳屈膝下蹲。根据不同的任务和要求，可采用不同的站距（宽、中、窄）和不同的速度（快速、中速、慢速、反弹）。下蹲或起立时膝与脚尖方向应一致。

②作用：除主要发展股四头肌、股二头肌、臀大肌力量外，还能有效地发展伸

髋肌群力量。

2．胸前深蹲

①方法：上体正直，挺胸别腰，抬头，两手握杠，将杠铃放置于两肩胛和锁骨上，平稳屈膝下蹲。其余要领同颈后深蹲。

②作用：基本同颈后深蹲，但前蹲由于胸部所受的压力较大，参与完成伸膝、屈足肌群工作的阻力巨大，因此能更有效地发展伸膝肌群和躯干伸肌的力量。

3．半蹲

①方法：正握杠铃于颈后肩上，挺胸别腰，屈膝下蹲近水平位置时，随即伸腿起立。其余要领同颈后深蹲。此练习也可采用坐蹲进行。

②作用：发展伸膝肌群力量与躯干支撑力量，特别是股四头肌的外、内侧肌，股后肌群和小腿三头肌。

4．半静蹲

①方法：颈后或胸前持铃屈膝下蹲至大腿水平部位，保持这个姿势不动或做好半蹲姿势对抗不动物体，静止 6～12 秒。也可根据动作结构和需要，用不同角度来做。

②作用：主要发展伸膝肌群力量和躯干支撑力量。

5．腿举

①方法：仰卧于升降练习架下，两脚蹬住练习架做腿屈伸动作。练习时可采用不同的速度（快、中、慢）和两脚间距（可膝脚靠拢，也可分开）进行。

②作用：主要发展股四头肌、臀大肌、股二头肌、半腱肌、半膜肌、大收肌、小腿三头肌和屈足肌群力量。

6．负重伸小腿

①方法：坐在腿伸展练习器一端，脚背前部放在圆柱垫子下面，两手抓住臀后方的两侧。股四头肌收缩，使小腿向斜上方伸起。随着小腿伸展，上体稍向后仰，以便使腿部最大限度地伸展。两腿完全伸直后坚持 2 秒，再还原重新开始。另外，此练习也可坐在山羊或高凳上，足钩住壶铃或挂上重物，做伸小腿动作。也可在练习器上做腿蹬出动作。

②作用：主要发展大腿前部肌群力量。

7．屈小腿

①方法：俯卧在屈腿练习器上，两脚跟钩住圆柱垫子，脚跟靠拢，两脚用力将负重拉起，使圆柱垫子碰到臀部。在将负重拉起的同时做俯卧撑起，则主要发展股二头肌上部力量。当开始牵拉负重时，上体由原来的俯卧撑姿势向下变为平卧在练习器上，则主要发展股二头肌中部肌肉。另外，此练习也可在小腿上捆沙护腿或足

穿铁鞋，做原地屈小腿动作；还可俯卧于练习凳上做加阻力（如将固定于肋木上的橡皮筋一端置于小腿踝关节处）的屈小腿动作，或进行双人对抗的屈小腿练习。

②作用：主要发展股二头肌、半腱肌、半膜肌和小腿三头肌力量。

8．内收大腿

①方法：坐在一个高 15～30 厘米的小凳上，两脚靠拢，两膝分开，两手各握一个拉力器，手并放在两膝内侧，两脚尽量向外展开，然后两膝用力内收，直到两手相碰。还原后重新进行。

②作用：主要发展缝匠肌力量。

9．负重蹬台阶

①方法：肩负杠铃，左腿屈膝踏在高 30～50 厘来的台阶上，右脚支撑于地面，左腿迅速蹬直。与此同时，右脚提起踏上台阶，还原后反复进行。两腿交换练习，也可踝关节缚橡皮带做蹬台阶练习。

②作用：主要发展伸膝、屈足肌群力量。

10．负重抬大腿

①方法：两手扶墙或扶住同伴的肩，上体前倾成支撑姿势，左膝扎橡皮带，另一端固定在体后的杠柱上。左腿做抬大腿动作，右腿积极蹬直。两腿交替做。

②作用：主要发展髂腰肌、股直肌力量。

11．肩负同伴深蹲起

①方法：侧对肋木站立，左手正握横木，做肩负同伴深蹲起动作。起立时腿蹬直，要求快而有力，两人交替练习。

②作用：主要发展腿部伸膝、伸髋肌群力量。

12．负重蹲跳

①方法：肩负杠铃，屈膝半蹲后，迅速伸髋、蹬腿，展体起踵做起跳动作。起跳时杠铃固定，并且挺胸、紧腰、抬头、直体，落地时屈膝缓冲。也可用壶铃做，两脚开立与肩宽，屈膝直臂持壶铃做蹲跳动作（最好两足垫高）。

②作用：主要发展伸大腿和屈足肌群力量，对提高弹跳力效果较好。

13．弓箭步跳

①方法：肩负杠铃成弓箭步，向上跳起时两腿同时交换，落地时成弓箭步，连续练习。

②作用：主要发展股四头肌、股二头肌、小腿三头肌、屈足肌群力量及弹跳力。

14．快跳

①方法：两脚左右开立，两手持哑铃于肩上，向上快速连续跳，同时两臂上举哑铃，连续练习。快跳时要速度轻快，手脚配合。

②作用：主要发展伸膝、屈足肌群力量及弹跳力。

15．快推跳

①方法：两脚前后开立，两手持哑铃于胸前，向上跳起时，两手同时向前方推出，落地后两脚交换，连续跳。要求手脚配合，速度快，动作轻捷，反复练习。

②作用：主要发展伸膝、屈足肌群力量，肩带力量及协调性和爆发力。

16．足尖深膝蹲

①方法：两脚分开站立，将杠铃置颈后，全身直立，随即脚跟向上踮起，前脚掌着地，然后徐徐屈膝蹲下至两腿完全弯曲（两脚尖向两侧分开），以脚尖支持身体重心。稍停，再伸腿起立至两腿完全伸直，仍以脚尖支持身体重心。反复练习。

②作用：主要发展小腿腓肠肌和比目鱼肌、股四头肌力量，对提高身体平衡能力也有锻炼价值。

17．负重提踵

①方法：身体直立，颈后负铃或练习架，两脚站于垫木或平地上，用力起踵，稍停再还原。

②作用：主要发展小腿三头肌及屈足肌群力量。

18．双人提踵

①方法：光脚用脚趾站在一块木板上，两臂扶在位置较高的练习凳或台上，同伴跨腰上，然后两膝伸直，脚跟尽量放下着地，随即慢慢提起脚跟至小腿肌肉处于收缩状态。练习时，大部分重量落在大脚趾上。反复练习，每组 15～20 次。

②作用：主要发展小腿三头肌及屈足肌群力量。

19．仰卧踝屈伸

①方法：仰卧于腿举练习架上，两手扶住两膝，膝关节微屈。两脚跟朝里，用脚趾将重物顶起，还原后重复进行。

②作用：主要发展屈足肌群力量。

20．纵跳

①方法：身穿沙背心，带沙护腿，成半蹲姿势。两脚蹬地起跳，两臂上摆，腿充分蹬伸，头向上顶，缓冲落地后继续做。每组连续练习 10～15 次，负重以 10～15 公斤为宜。动作要求协调，也可悬挂或标出高度目标，以两手触摸标志线或物体进行练习。

②作用：主要发展伸膝和屈足肌群力量及弹跳力。

21．蛙跳

①方法：身穿沙背心，带沙护腿（也可不负重），全蹲。两脚蹬地，腿蹬直向前上方跳起，腾空后挺胸收腹，快速屈腿前摆，以双脚掌落地后不停顿地连续做，6～10

次为一组。动作要求快速起跳，身体充分伸展开，可先不要求远度，逐渐增加远度要求。

②作用：主要发展下肢爆发力及协调用力能力。

22．跳深

①方法：将 5～8 个高度为 70～100 厘米的跳箱盖纵向排好，每个跳箱盖横放，间距均为 1 米。练习者面对跳箱盖并腿站立，双脚同时用力跳上跳箱盖，紧接着向下跳，落地后立即又跳上第二个跳箱盖，连续跳上跳下，20～30 次为一组。动作之间不得停顿。也可在有沙坑的高台处做此练习。

②作用：主要发展伸膝、屈足肌群和腹肌力量。

23．直腿跳

①方法：肩负轻杠铃，膝伸直，利用踝关节屈伸的力量向上跳起，连续跳。练习时要控制好杠铃，积极蹬地并富有弹性。

②作用：主要发展小腿三头肌和屈足肌群力量。

24．跳台阶

①方法：面向台阶，屈膝摆臂，用力蹬地收腹跳上 3～4 级台阶，连续练习。也可在楼梯上做此练习。

②作用：主要发挥伸膝、屈足肌群力量及弹跳力。

25．多级跨跳

①方法：做 5、10、15 级等多级跨跳，最后一跳落在沙坑里，或在锯木道上练习。练习时踝、膝、髋关节要蹬直，节奏要好。

②作用：主要发展下肢屈肌和伸肌力量。

26．跳栏架

①方法：面向栏架，屈膝蹬地收腹上跳，连续跳过多个 84 厘米以上高度的栏架。

②作用：基本同跳台阶。

（六）全身力量训练

1．窄上拉

①方法：站距约与髋同宽，靠近横杠。两臂下垂，握距约同肩宽，挺胸别腰，下蹲提铃，当杠铃提拉到大腿中下部时，全身骤然用力，迅速做出蹬腿、伸髋、展体、起踵、耸肩、提肘动作，使杠铃继续上升，身体随之做屈膝、半蹲或直腿动作，同时顺势提肘。窄上拉包括膝上窄拉、悬吊式窄拉、直腿拉、窄硬拉等多种练习方法。

②作用：主要发展骶棘肌、斜方肌、前锯肌、臀大肌、股二头肌、半腱肌、半膜肌、大收肌、股四头肌、三角肌、肢肌、小腿三头肌、屈足肌群力量。

2．宽上拉

①方法：宽握距握杠，预备姿势同窄上拉，当杠铃上拉到大腿中上部时，迅速做出蹬腿、伸髋、展体、耸肩、提肘、起踵动作。宽上拉也包括膝上拉、悬吊式上拉、直腿拉、宽硬拉等多种做法。另外，也可用助握带进行练习。

②作用：基本同窄上拉。

3．高抓

①方法。高抓技术包括预备姿势、提铃、发力、半蹲支撑四个部分。预备姿势、提铃、发力部分同宽上拉。半蹲支撑是在发力时提肘的瞬间开始，这时杠铃即将转入惯性运动，腿部已能自由做动作，两腿随即迅速屈膝半蹲，两臂在半蹲开始时积极提肘继续提铃，当身体降至横杠高过头部瞬间时，以肘为"轴"甩前臂，将杠铃锁肩支撑在头部上方。另外，也可用分腿高抓和直腿高抓做此动作。

②作用：主要发展伸膝、伸髋、伸展躯干及肩带肌群力量，并能有效地发展爆发力。

4．箭步抓

①方法：预备姿势、提铃、发力同宽上拉。在发力即将结束时，做前后箭步分腿，与此同时，将杠铃提拉过头顶，伸直两臂做锁肩支撑，反复练习。

②作用：基本同高抓，并能有效发展爆发力。

5．抓举（下蹲式抓举）

①方法：完整的抓举包括预备姿势、提铃、发力、下蹲支撑与起立四个部分。前三个部分基本同宽上拉。下蹲支撑与起立是在发力即将结束的瞬间，屈膝下蹲，提肘伸臂，将杠铃锁肩支撑于头顶上方并随即伸膝起立。

②作用：基本同高抓，并能有效发展全身力量及爆发力。

6．挺举

①方法：挺举由提铃至胸和上挺两部分动作组成。提铃至胸一般用下蹲式技术，它包括预备姿势、提铃、发力、下蹲翻与起立。除下蹲翻与起立外，前三个部分要领同窄上拉。下蹲翻是当杠铃提拉到腰带高度时积极向两侧分腿、屈膝下蹲，与此同时屈肘，并以肩为"轴"转肘将杠铃翻上胸部，停在锁骨与两肩上，上臂近水平状态，随即起立。上挺时先屈膝预蹲，然后迅猛地发力并做前后箭步分腿，将杠铃支撑于头顶，随即收腿起立。两脚站在同一横线上。

②作用：提铃部分主要发展股四头肌、臀大肌、股二头肌、半腱肌、半膜肌、大收肌、骶棘肌、斜方肌、三角肌、肱二头肌、肱肌、小腿三头肌、屈足肌群力量；上挺部分主要发展股四头肌、臀大肌、股二头肌、半腱肌、半膜肌、大收肌、小腿三头肌、屈足肌群、斜方肌、前锯肌、背阔肌、三角肌、肱三头肌力量，同时也发

展全身协调用力及爆发力。

7. 高翻

①方法：将杠铃从地面提至胸部，提铃至胸时下蹲高度为半蹲，其他要领基本同挺举下蹲翻。高翻有多种方法，如膝上高翻、分腿高翻等。

②作用：基本同挺举提铃部分。

8. 箭步翻

①方法：以肩宽的握距持铃，提铃部分除握距较窄外，其他要领基本同箭步抓，即以大腿带动小腿做前后箭步分腿下蹲。两臂动作同下蹲翻，将杠铃翻上胸部后做起立动作，先蹬直前腿，随即后收半步，再将后脚前收，两脚平行站在一横线上，反复练习。

②作用：基本同挺举提铃部分。

9. 高翻推举

①方法：用高翻动作将杠铃提拉至胸部，用两臂力量将杠铃贴近面部，从胸上推起至两臂伸直，反复练习。

②作用：主要发展伸膝、伸髋、伸展躯干、肩带及伸臂力量。

10. 高翻借力推

①方法：用高翻动作将杠铃提拉至胸部，然后预蹲发力，臂部用力将杠铃推至两臂在头顶上伸直的部位。要求杠铃靠近脸部上举，保持挺胸紧腰。也可放在颈后或练习架上做。此练习若在练习架上做则主要发展上肢力量；若提铃至胸后再做这个练习，作用基本同挺举。

②作用：基本同挺举。

11. 高翻半挺

①方法：用高翻（也可用下蹲翻）提铃至胸后做好上挺预备姿势，然后预蹲发力，迅速屈膝半蹲，伸直两臂，在头顶上方支撑住杠铃。练习时要求上体正直、挺胸别腰，重心稳定，也可置于颈后或练习架上做。另外，半挺还有一种做法，即分腿半挺，其要领是预蹲发力后，两脚向左右两侧分开约与肩宽，并迅速屈膝半蹲，伸直两臂支撑住杠铃。

②作用：基本同挺举。

12. 双手持重物后抛

①方法：两手持重物（如实心球、壶铃、铅球、杠铃片、杠铃等）于体前，两脚分开站立约与肩宽、屈膝半蹲，然后两脚蹬地、伸髋、展体、身体后仰、手臂顺势用力，奋力将重物经体前向头后上方抛出。两人一组，每人练习 10～15 次为一组。

②作用：对发展屈足肌群、骶棘肌、斜方肌、背阔肌、肱肌力量等有一定作用。

13．双手持重物前抛

①方法：两手持重物（如实心球、壶铃、铅球、杠铃片等）于体前，两脚分开站立约同肩宽、半蹲。两脚蹬地，伸展身体，两臂前摆将重物向前抛出。两人一组，每人练习 10～15 次为一组。也可采用双手持球向上抛接、双手持球跳起上抛、双手持球体后前抛等动作进行练习。

②作用：主要发展上肢、躯干和下肢的协调用力以及爆发力。

第二节　田径运动的速度素质训练

一、速度素质训练概述

（一）速度素质的概念和分类

速度素质是人体快速运动的能力，它是人体运动的基本素质。速度与力量结合可构成速度力量，与耐力结合则构成速度耐力。田径运动员速度素质的发展水平对于运动技术水平的高低具有重要影响，田径运动跑、跳、投项目的大多数动作都要求快速完成。良好的速度素质有利于运动员掌握更加合理和有效的运动技术，使肌肉快速收缩产生更大的输出功率和力量。高度发展的速度素质又为速度耐力和专项耐力的发展提供了更大的潜力。

田径运动爱好者和运动员的速度训练是根据专项需要，采用适宜的训练手段和方法，开发人体的多方面速度潜力的系统教育和演练过程。由于人的速度素质发展潜力在较大程度上受遗传因素的影响，因此在田径运动员各个时期的选材过程中，先天速度能力始终是重要的早期观测指标。

速度素质主要分为反应速度、动作速度以及周期性运动项目中的移动速度。

1．反应速度

反应速度是指人体对各种信号刺激（声、光、触）的快速应答能力。如短跑运动员从听到发令到起动时间，球类和击剑运动员在瞬间变化情况下做出反应的快慢等。运动员反应速度的快慢，取决于信号通过反射弧所需的时间，即反应时的长短。反应时越长，反应速度越慢；反应时越短，反应速度越快。如乒乓球运动员在很短时间内（120毫秒），根据对方的击球动作（通过视觉）和击球的声音（通过听觉），非常迅速、准确地判断出球的落点和旋转性能，并做出相应的技术动作。另外，反应时的长短还与刺激信号的强度以及注意的方向性有关。反应速度受遗传因素影响较大，遗传率高达 75%以上，后天的训练只是把受遗传因素决定的反应速度表现出来，并稳定下来。

2．动作速度

动作速度是指人体或人体的某一部分快速完成单个动作或成套动作的能力，通常以时间长短表示。如投掷运动员掷出器械的速度、跳跃运动员的踏跳速度、排球运动员的扣球速度、体操和武术运动员完成成套练习的速度等。动作速度还可以通过单位时间内所完成动作的数量予以衡量，数量多则动作速度快，数量少则动作速度慢。在技术动作中，动作速度还可以分为瞬时速度和角速度。动作速度与准备状态、动作熟练程度、协调性、快速力量及速度耐力水平等有关。

3．移动速度

移动速度是指在周期性运动中，单位时间内人体快速位移的能力。从物理学上讲，移动速度是表示物体运动快慢的物理量，它是距离（s）与通过该距离所用的时间（t）之比，可用公式 V=s/t 表示。在体育运动中，常常以人体通过固定距离所用的时间来表示。如男子 100 米跑 9 秒 76，男子 100 米自由泳游 50 秒等。在技术动作中，移动速度可分为平均速度、加速度和最高速度。以最高速度为例，目前世界上优秀短跑运动员的 100 米最高速度男子为 12.04 米/秒，平均值为 11.76 米/秒；女子最高速度为 10.98 米/秒，平均值为 10.60 米/秒。移动速度与步长、步频及两者的比例，肌肉放松训练及运动技能巩固程度等有关。

一名具有良好移动速度的运动员，并不一定具有良好的反应速度。如在 1980 年莫斯科举行的第 22 届奥运会男子 100 米决赛中，金牌获得者是英国运动员威尔斯，成绩为 10.25 秒，但他的起跑反应速度为 0.193 秒，是参加决赛的 8 名选手中最慢的一位，而获第 8 名的法国选手潘卓，起跑反应速度高达 0.130 秒，是 8 名运动员中最好的一位。

（二）速度素质训练的要求

（1）7～13 岁是发展少儿协调能力的良好时机，应抓住这一时期努力提高动作频率、单个动作的速度及反应速度。依靠力量增长发展速度素质应重点安排在 13 岁以后进行，并以快速力量为主。

（2）速度训练应结合运动员所从事的运动专项进行。如对短跑运动员则应着重提高听觉的反应能力；对体操运动员则应着重提高皮肤触觉的反应能力。对人的视、听、触觉反应能力而言，一般是触觉最快，听觉次之，视觉反应较慢。如 18～25 岁男子对声的反应需要 0.14～0.31 秒，对光的反应需要 0.20～0.35 秒，可触觉反应只需要 0.09～0.18 秒。

（3）速度训练应在运动员精力充沛、精神饱满、运动欲望强的情况下进行。只有这样，才有利于形成快速能力的动力定型。

（4）由于速度素质的发展与力量、柔韧性、灵敏性等素质的发展水平有关，因此，速度训练应注意适当采用发展其他有关素质（如力量、柔韧等）的方法，以促进运动素质间的良好转移。

（5）速度训练是以大强度无氧代谢为主的活动，需以有氧代谢训练为基础。

（6）要考虑女子的身体形态特点。女子身体形态与男子相比，四肢偏短，躯干相对偏长，重心低，身体各部分的围度相对较小。这些虽有利于平衡，但对速度和跳跃能力的提高不利，女子的力量和爆发力相对较小，反应时较长，这也决定了女子在进行速度训练时应首先注意发展反应能力和快速力量，以保证反应速度和动作速度的提高。此外，女子下肢相对较短，可用加快频率来弥补力量和步幅上的不足，以发展移动速度。

（三）速度素质训练的注意事项

（1）必须保证训练的安全，速度训练前要进行充分的准备活动，并保证速度训练后的充分休息和身体恢复。

（2）速度练习之间要保证练习者身体疲劳完全消除，训练内容的安排要充分考虑练习者训练水平和身体状态的可接受程度。

（3）注意采用正确的技术动作，练习内容之间循序渐进的衔接，先易后难，先慢后快。

（4）在达到最高速度后，需要学会放松地完成高速动作。

（5）尽量以大幅度动作完成练习，注意穿透气、宽大的运动服和适宜的鞋袜。

（6）在保障场地设施安全的条件下进行速度训练。

二、速度素质训练的方法

（一）反应速度训练的方法

反应速度主要利用各种信号（枪声、掌声、口令等声响）刺激练习者，使其做出快速反应来实现。其练习的基本方法有以下几种。

（1）信号反应训练：即对各种信号做出反应动作，这种方法适合于短跑项目及初学者。

（2）运动感觉反应训练：这是一种心理训练方法，通过提高时间感知能力，进而提高反应能力，此法适合于中长跑项目，其具体步骤如下。

①对信号快速做出应答后，由教练员告知反应时间。

②对信号快速做出应答后，教练员要求运动员自己报出估计的时间，然后教练员再告诉其准确时间，核对其误差。

③要求运动员按事先确定的时间完成动作或跑完一定的距离。

（3）选择性信号反应训练：要求运动员按事先确定的信号做出正确的选择，或按相反口令、相反动作完成选择性的反应训练。

（二）动作速度训练的方法

发展动作速度主要是通过快速重复完成某一动作的训练来实现的，动作速度训练的基本方法有以下几种。

1. 重复法

（1）规定最高速度指标的重复法

在动作速度训练时，规定最高速度指标，并按照规定重复进行某一动作训练。例如快速重复推举轻杠铃；肩负一定重量杠铃的反复跳跃；在保持正确动作情况下，快速原地高抬腿跑；快速立卧撑；快速反复起跳；短距离段落的重复跑；徒手或持不同重量器械的快速最后用力投掷以及反复快速旋转、滑步等训练。

（2）变化训练程序的重复法

变化训练的程序是指在动作速度训练中合理地变化速度和加速度，并按适当的比例和程序结合在一起。

虽然进行规定最高速度的动作训练是发展动作速度的重要因素，但这种重复训练会形成一定的动力定型，这种动力定型会有碍速度能力的提高。因此，在进行最高速度指标的重复练习中，有计划地改变训练的程序，并经常采用运动员不习惯的速度进行练习才能更好地发展动作速度。在此训练中，可采用以下方法。

①借助外力训练法

借助外力指借牵引力、顺风力、重力等外部助力进行速度训练。在短距离跑中经常采用的牵引跑、顺风跑、下坡跑等方法都属于借助外力的速度训练方法。利用这些辅助的、自然的外部条件，给予能使动作加快速度的力量。这些外部力量的作用，使动作速度加快，从而使神经系统的灵活性得到改善。

②降低或改变训练的要求与条件

跨栏跑时缩短栏间距，投掷项目减轻器械重量的训练等都是降低或改变训练的要求与条件的方法。研究表明，在完成上一次动作的影响下或在上一次负类似重量的动作影响下，可以使动作速度暂时得到提高。例如，在跳高前先负重跳；在推标准铅球前先推重量大于标准铅球重量的铅球等。这是由于在第一次动作完成后，神经中枢剩余的兴奋在随后的动作中仍保持着运动指令，从而可以大大地缩短动作完成的时间，提高动作速度和工作的力量，这种效果称为后效作用。后效作用的产生取决于负重量的大小和随后减轻的情况、训练重量的数量和采用标准的、加重的、减轻的重量的训练交换的次序。在同一次训练课中，把加重标准、减轻重量的速度训练组合在一起时，正确的安排顺序为先加重，后标准，最后减轻。在短距离跑时应先是上坡跑，然后是水平跑道跑，最后是下坡跑。

2. 比赛训练法

比赛训练法是指以比赛的条件和要求，在制造竞争气氛和比赛环境的情况下进行对抗训练的一种方法。

在动作速度训练中采用比赛训练法时，练习者的心理和情绪与采用其他训练法时明显不同。主要表现在练习者有高涨的情绪和强烈的兴奋性。研究表明采用比赛训练法，训练前人体血糖和血乳酸的含量明显提高，这有助于提高肌体的工作能力。另外，兴奋还可引起交感神经营养性作用，有助于疲劳的延缓出现，使人体有可能完成大强度的速度训练，提高速度训练的效果。

采用比赛训练法时神经系统处于高度良性的兴奋状态，从而有助于发挥神经过程兴奋与抑制的交换能力，使神经——肌肉的活动更趋向协调化，十分有助于速度能力的提高。

3. 游戏法

游戏法是指采用游戏的形式进行速度训练的一种方法。游戏法与比赛法一样，可以激发练习者高涨的活动情绪，提高练习者的兴趣。同时，在游戏过程中能引起各种动作变化，有利于防止因经常安排最大速度而引起的"速度障碍"现象。

"速度障碍"是由于在速度训练时反复进行某一动作的训练造成的。这种多次重复的训练形成动作的动力定型，使动作的各种指标比较稳定，使之在动作的空间特征和时间特征上，如动作的幅度、方向，动作的速度和频率都相对稳定，形成所谓的"速度障碍"。

防止"速度障碍"的形成，首先要突出速度力量的训练，采用多种训练手段，如游戏、球类等活动。例如，100 米跑要达到预定的成绩，既可以通过专门短跑训练来达到，也可以通过全面身体练习并把重点放在速度力量训练上来达到。但前一种方法的反复练习会导致动作时间特征的稳定，形成"速度障碍"，后一方法就不会形成类似的动力定型。

破坏"速度障碍"的主要办法有下坡跑、牵引跑、领跑、加速跑、追逐跑、投掷轻的器械，轮换交替投掷重、轻及正常重量的器械等。

（三）移动速度训练的方法

移动速度训练的基本方法与动作速度训练的基本方法相同。如短跑运动员经常通过快速高抬腿、快速摆臂等来发展步频，在进行移动速度训练时，可参照发展动作速度的基本方法进行。

三、速度素质训练的手段

提高运动员反应速度的训练手段主要是利用多种信号，如发令枪、掌声、哨音、口令声等声响来刺激运动员，使其做出快速反应。

发展运动员的动作速度和动作频率主要通过快速重复完成某一动作的训练来实现的。如快速高抬腿、快速完成跳远起跳动作和标枪出手时的"鞭打"动作等。

1. 原地快速高抬腿跑

①方法：直立于平坦的场地上，原地两腿交替做快速高抬腿跑 10～30 秒。

②作用：发展动作速度和移动速度。

③要求：高重心、高频率，两臂配合摆动，以尽可能快的速度抬起。

2. 快速蹲起。

①方法：练习者全部蹲下，听信号快速蹲起。

②作用：发展反应速度和动作速度。

③要求：尽可能快速蹲起。

3. 快速站起

①方法：仰卧于草坪或垫上，当有信号发出后，两手撑地快速站起，多次重复。

②作用：发展反应速度和动作速度。

③要求：动作完成要快速、连贯。

4. 快速"两头起"

①方法：练习者俯卧于草坪或垫子上，听到信后立即向上抬臂、抬头、挺胸，双腿后上举，做"两头起"动作。

②作用：发展动作速度和腹肌力量。

③要求：上体和腿两头快速抬起。

5. 快速体前屈

①方法：仰卧于草坪或垫上，听到信号后上体前屈，两臂前伸，胸贴近大腿以便快速体前屈。

②作用：发展动作速度和腰腹肌力量。

③要求：上体快速抬起。

6．仰卧高抬腿

①方法：仰卧于草坪或垫上，听到信号后快速高抬腿，每组 15～30 个，多次重复。

②作用：发展移动速度和动作速度。

③要求：高抬腿时动作要快，足尖勾起。

7．对号追击

①方法：练习者两队相距 1～2 米，事先预定一队为奇数号，另一队为偶数号，教练员任意喊其中一个数字，喊到者逃跑，另一队追击，在练习中可改变号。

②作用：发展和提高反应速度和动作速度。

③要求：全神贯注听号选择追击与逃跑，训练快速反应、判断能力。

8．快速起

①方法：仰卧，抬头平视，听信号后，快速蹲起或跳起。

②作用：发展反应速度和动作速度。

③要求：快速从俯卧状变成起立姿势。

9．节奏跳

①方法：练习者站于沙坑中或草坪地上，按口令 1、2 或 1、2、3 的最后一个节拍时用力高跳起。

②作用：发展动作速度和下肢快速力量。

③要求：前脚掌着地，蹬地要快，最后一个节拍时用力。

10．转身跑

①方法：练习者在向前跑进中，听口令做转身 90 度、180 度、360 度的各种转身跑。

②作用：发展反应速度和动作速度。

③要求：听口令后迅速转身。

11．单臂支撑起跑

①方法：单臂支撑做好起跑的预备姿势，听到信号后，身体向左或向右转体 180 度角，迅速跑去。

②作用：发展反应速度和动作速度。

③要求：控制好跑进方向和身体平衡。

12．变向跑

①方法：练习者在向前跑进中，听到事先规定好的信号后，改变跑进方向。

②作用：发展反应速度和动作速度。

③要求：练习者快速做出反应。

13.快速提膝

①方法：屈体成跪撑。当听到信号后，立即由跪撑提膝成俯撑。

②作用：发展反应速度和动作速度。

③要求：快速蹬地，膝关节伸展。

14.听枪起跑

①方法：两人或多人为一组。事先布置一个人故意抢跑，以引诱他人，其余人则听信号起跑。

②作用：发展反应速度。

③要求：全神贯注听枪，不受他人干扰。

15.辨别信号起跑

①方法：两人或多人为一组，按事先规定的单、双号或不同声响，如击掌、哨声或枪音起跑，练习者对各种信号辨别后，决定是起跑，还是不动。

②作用：发展反应速度。

③要求：按规定的信号起跑，在习惯或熟悉某一信号后，可制订新规定或改变信号。

16.跳绳

①方法：单人跳、单足或双足跳（也可 3 人为一训练组，2 人摇绳，1 人用单足或双足交替跳绳）。

②作用：发展动作速度和移动速度。

③要求：摇绳速度可采用由慢至快、由快至慢或突然加速等手段。练习者用脚前掌快速跳起。

17.负重摆臂

①方法：两脚前后开立成弓箭步，上体直立，两手各持一定重量的哑铃前后做摆臂动作，重复多次，哑铃重量可改变。

②作用：发展移动速度和动作速度，提高上肢力量耐力。

③要求：不断改变哑铃重量，但移动速度要快。

18.负重节奏跑

①方法：练习者负一沙袋或手持哑铃，按小于平均步长的标志，进行节奏跑 50 米。然后再徒手不负重跑 50 米。

②作用：发展移动速度。

③要求：动作节奏要快。

19.徒手节奏跑

①方法：在跑道上设置小、中、大不同步长的标志，练习者按照标志先进行小

步长的节奏跑，然后再进行中步长的节奏跑，最后再进行大步长的节奏跑。另外，也可以先大、次中、后小步长的节奏跑练习。

②作用：发展移动速度。

③要求：严格按照跑道上的不同步长标志进行节奏跑练习。

20．负重高抬腿

①方法：练习者手提杠铃片等重物置于同侧大腿上，大腿负重后快速高抬腿并向前跑进（或原地）。负重腿连续高抬至水平位，同时异侧腿提踵。两腿交替进行。

②作用：发展动作速度和移动速度，提高下肢肌肉力量。

③要求：腿高抬的速度要快，且达到一定高度。

21．负重台阶跑

①方法：双腿负沙袋等重物，跑上、跑下多个台阶。

②作用：发展动作速度和移动速度，提高下肢力量。

③要求：上台阶时加强后蹬力量、加快步频。

22．负重仰卧起坐

①方法：练习者仰卧，双手各持一皮筋或双手抱杠铃片至头后，快速坐起并向前屈体。然后转换为不负重的仰卧起坐。

②作用：发展动作速度和腰腹肌力量。

③要求：快速抬体前屈。

23．高频率跑

①方法：在 30～100 米之间的跑道上，以 4.5 步/秒的步频跑 5～10 秒。

②作用：发展移动速度和动作速度。

③要求：开始阶段先做加速跑，在步长基本稳定或步长稍有缩短的情况下，保持一定的高频率跑。

24．追球跑

①方法：练习者将脚下一足球踢出，然后加速跑动追击足球，追上后，再将球踢出，反复追球跑 200～400 米。

②作用：发展动作速度和移动速度。

③要求：用力将球踢出，在足球快速向前滚动中追击球，注意控制好足球前进的直线性。

25．蛇形跑

①方法：在场地上绕过间距为 3～5 米标志物跑步。

②作用：发展动作速度及协调能力。

③要求：及时调节和改变身体重心及移动姿势。

26．追击跑

①方法：双人或双人以上均可。在各自的跑道或跑动区域内，每人前后间距 1～2 米，成梯形排列。听信号后快速起跑 30～60 米，追击前方跑者。每组交换前后顺序。

②作用：发展动作速度和反应速度。

③要求：快速起跑并加速，努力追击或摆脱追击。

27．并列同步跑

①方法：两人在水平、上坡、下坡等不同场地上进行并列同步步频跑。一人的步频较快，另一人则与步频快者同步。发展和提高步频，反复进行 30～50 米。

②作用：发展移动速度和动作速度。

③要求：步长和步频等跑的节奏要一致，步频慢者要尽量与快者同步。

28．沙地跑

①方法：在沙地或柔软的跑道上快速跑 50 米。

②作用：发展动作速度和下肢力量。

③要求：两腿积极缓冲、蹬伸与前摆。

29．斜坡跑

①方法：利用坡度为 5～10 度的斜坡或斜坡跑道，进行加速跑训练，反复进行 50～80 米。

②作用：发展移动速度和动作速度。

③要求：上坡时加强摆动腿快速高抬与蹬地腿的有力后蹬，下坡时加快跑的步频。

第三节 田径运动的耐力素质训练

一、耐力素质训练概述

（一）耐力素质的概念和分类

耐力素质指有机体在较长的时间内，保持特定强度负荷或动作质量的能力。耐力与力量和速度素质的结合，在田径运动中分别表现为力量耐力和速度耐力。影响田径运动员耐力素质的因素有：运动员对长时间工作的心理耐受程度、运动器官持续工作的能力、能源物质的储存情况和长时间工作中氧代谢的能力以及掌握运动技术的熟练程度和功能节省化的水平等。长时间运动出现的疲劳是导致机体工作能力暂时性下降的主要因素。田径运动员耐力素质越好，则抗疲劳的能力越强，保持特定强度负荷或动作质量工作的时间越长。耐力素质对于田径运动各个项目的运动员来说都是重要的基础素质，而对于那些以有氧代谢为主要的项目来说，它对于提高运动成绩更有直接的意义。因此，我们说耐力素质是提高田径运动成绩的先决条件。田径运动爱好者和运动员的耐力训练，则是根据专项需要，采用适宜的训练手段和方法，开发人体多方面耐力潜力的系统演练和适应过程。

根据不同的标准，耐力素质可分为多种类型，主要的分类如下。

1．根据活动持续时间对耐力的分类

（1）短时间耐力

指持续时间为 45～120 秒的运动项目所要求的耐力。其主要通过无氧过程提供完成运动所需要的能量，运动过程中氧债很高，力量与速度对于取得良好的运动成绩起着重要作用（Bompa，1975）。

（2）中等时间耐力

持续时间为 2～8 分钟的运动项目所需要的耐力，其强度高于长时间耐力项目。由于供氧不能完全满足机体的需要，因此运动员会出现氧债。无氧系统的能量产生与运动速度成正比。法伊弗（1971）认为，在 3000 米跑中无氧系统提供约 20%的能量，而在 1500 米跑中提供约 50%的能量。其中氧的吸收和利用对于运动成绩起着决定性作用。

（3）长时间耐力

持续时间超过 8 分钟以上的运动项目所需要的耐力。整个运动过程中主要由有氧系统供能，心血管和呼吸系统高度动员。心率达到很高（每分钟 170～180 次以上），每分钟心输出量为 30～40 升，脉通气量达到每分钟 120～140 升（法伊弗，1971）。当然在长距离竞赛中（如马拉松），以上数值较低。

2．根据氧代谢特征对耐力的分类

（1）有氧耐力

指机体在氧气供应比较充足的情况下，坚持长时间工作的能力。有氧耐力训练的目的在于提高运动员机体输送氧气的能力，促进有机体的新陈代谢，为今后提高运动负荷提供前提条件。长时间耐力项目的运动成绩主要取决于有氧耐力水平。

（2）无氧耐力

指运动员机体在氧气供应不足的情况下，能坚持较长时间工作的能力。无氧耐力工作是在机体长时间处于供氧不足的状态下进行的，因此必然产生氧债。机体所欠氧债到运动结束后才能偿还，所以无氧耐力训练的目的在于提高运动员机体承受氧债的能力。无氧耐力又可以分为非乳酸供能无氧耐力和乳酸供能无氧耐力。

3．根据专项活动的关系对耐力的分类

（1）一般耐力

指运动员有机体各器官系统机能克服疲劳的综合能力，是专项耐力的基础。奥卓林（1971）认为，一般性耐力是一种多肌群、多系统（中枢神经系统、心肺系统）长时间工作的能力，良好的一般性耐力有助于运动员完成大负荷训练，在长时间的竞争中克服疲劳，并在训练和竞赛后更快地恢复。

（2）专项耐力

指运动员有机体为了获取专项成绩，而最大限度动员机体能力、克服较长时间内进行专项负荷所产生疲劳的能力。不同的运动项目，专项耐力也有不同的表现。例如，短跑的专项耐力主要指保持较长时间高速跑的速度能力，举重和体操中则主要指力量耐力与静力性耐力；球类项目的专项耐力则主要指运动员在较长时间的专项训练和比赛中克服疲劳的能力。尽管专项耐力具有不同运动项目的特征，但同样会受到比赛兴奋程度、完成动作的难度以及训练方式的影响。捷奥多列斯库（1975）认为，技术性极强的比赛通常会对运动员的专项耐力产生影响，使运动员在比赛的后半段出现技术或战术上的失误。因此，建立在牢固的一般性耐力基础上的专项耐力越强，运动员便越容易克服训练和比赛中的各种压力。

4．根据动员肌群数量（即身体活动部位）对耐力的分类

（1）局部耐力

主要指运动员的局部身体部位在长时间的身体活动中克服疲劳的能力。例如，运动员在长时间内反复进行上肢力量训练，上肢用力部位很快就会出现肌肉酸胀和继续用力工作出现困难的情况。局部耐力取决于一般耐力的发展水平。

（2）全身耐力

主要指运动员的整个身体机能，在训练和竞赛中克服疲劳的综合能力。全身耐力是运动员综合耐力水平的表现（详见一般耐力部分）。

5．根据肌肉工作性质对耐力的分类

（1）静力性耐力

主要指运动员在较长时间的静力性肌肉工作中克服疲劳的能力，如举重运动员在静力预蹲、静力半蹲，体操运动员在十字支撑、慢起手倒立中表现出的静力性耐力。

（2）动力性耐力

主要是指在动力性肌肉工作中，克服疲劳的能力。

6．根据耐力表现形式和用力特征分类

（1）心血管耐力

指机体在运动中循环系统保证氧气到达细胞以支持身体的氧化能量过程和运走

物质代谢废物的能力。心血管耐力实际上又分为有氧耐力和无氧耐力。

（2）肌肉耐力

指运动员在一定外部负荷或对抗一定阻力（外部阻力或人体本身阻力）的情况下，能坚持较长时间或重复较多次数的能力。

（3）速度耐力

指运动员将获得的较高或最高速度一直保持到终点的能力。速度耐力的生理机制与机体内无氧代谢过程的改善和机体适应缺氧能力的提高有密切关系。以 100 米、200 米跑的成绩对比来评定速度耐力时，一般用 100 米的成绩乘以 2 再加 0.4 秒即可，200 米跑的成绩在很大程度上取决于速度耐力水平。速度耐力的训练主要应在提高速度的基础上，提高改善放松跑的能力，这样不仅可以提高中枢神经系统和运动器官机能的灵活性，而且还可以提高神经系统对缺氧和酸性代谢物积累的适应能力。

上述耐力分类体系中，最有意义的是无氧耐力、有氧耐力、一般耐力和专项耐力。

（二）耐力素质训练的要求

1．耐力训练应循序渐进

耐力训练应以一定的训练时间、距离和数量为起点，逐步加长时间和距离，再提高到接近"极限负荷"。

2．应注意呼吸

呼吸能力对耐力训练十分重要，呼吸的作用在于摄取发展耐力必要的氧气。机体摄取氧气是通过提高呼吸频率和加深呼吸深度实现的。在训练中应培养运动员加深呼吸深度供氧的能力，并注意培养运动员用鼻呼吸的能力。同时还应加强呼吸节奏与动作节奏协调一致的训练。呼吸节奏紊乱，必定会导致节奏的破坏，使能量物质的消耗增加，不利于耐力水平的提高。

3．无氧耐力训练应以有氧耐力训练为基础

无氧耐力的发展是建立在有氧耐力提高的基础上。这是因为通过有氧耐力训练，运动员心腔增大，输出量提高，从而为无氧耐力的发展打下了坚实的基础。如一开始便是无氧耐力训练，那么心肌壁就会增厚，这样虽然心脏收缩能力强劲有力，然而输出量难以提高，从而影响到全身血液的供给，对今后发展不利。所以，在发展无氧耐力之前或同时，应进行有氧耐力训练。在具体训练过程中，应根据各方面的情况对两者的比例进行科学、合理地安排。

4．要加强意志品质培养

耐力训练不仅是身体方面的。训练，也是意志品质的培养过程。因此，在耐力训练中除了应注意提高运动员的练习兴趣外，还应注意培养吃苦耐劳、坚忍不拔的

意志品质。

5. 对运动技术应严格要求，并适当控制体重

发展耐力素质应对技术提出严格要求，并对运动员体重进行适当控制。脂肪过多，就会增大肌肉内阻力，摄氧量的相对值也会因体重的增加而下降。体重过重，消耗的能量也必然增加，这都会影响耐力素质的发展。

6. 应兼顾女子生理特点

女子体脂为体重的 20%～25%，男子为 10%～14%。脂肪不仅具有填充和固定内脏器官的作用，而且可以储备能量在必要时供运动消耗。女子的皮下肌肉和一些内脏器官中的脂肪含量较多，并且具有动用体内储存脂肪作为能源的能力，因而进行长距离游泳和长跑等耐力项目的能力很强。由于女子机体能有效地利用储存的脂肪作为运动的能源，故有利于从事较长距离的耐力训练。应当注意的是，女子运动员在月经期间不宜从事大强度、长时间的耐力训练，应避免剧烈运动及其他外部刺激。当然，适量的运动还是必要的。

（三）耐力训练的注意事项

（1）有氧耐力是耐力素质的基础，提高有氧耐力主要是发展心肺功能水平。有氧耐力锻炼的负荷强度，一般心率控制在 140～170 次/分，大约为锻炼者所能承受最大强度的 75%～85%。练习方法包括一系列重复练习（次数、时间或距离），提高每次重复的强度，缩短间歇时间等。

（2）耐力练习方法与手段的采用，也要根据不同对象的生理、心理特点，从实际出发。通常以 130 次/分、150 次/分、170 次/分的心率指标作为儿童少年小、中、大的适宜负荷强度标准。青春期后，负荷要求就要大一些。

（3）耐力素质练习首先应根据人体生长发育的规律合理地安排，一般对正处于有氧耐力敏感期的少年儿童，这期间应以有氧耐力的练习为重点；男 14～16 岁，女 13～14 岁以后进入无氧耐力的敏感期，这时就可适当进行无氧耐力的练习。

（4）一般耐力素质的测定，可采用定距离计时跑或定时间计距离跑等方法；速度耐力素质的测定，可采用 300 米跑等方法测定。

二、耐力素质训练的方法

（一）持续负荷法

持续负荷法是发展有氧耐力的主要方法。其特点是负荷量大、没有间歇。大多数需要有氧耐力的项目，如中长跑、马拉松跑、速度滑冰、赛艇等都可以采用这种方法。

持续负荷法的训练效果主要是能提高和改善有氧能力。此外，稳定地完成技术动作还可以使技术得到巩固（如速度滑冰、游泳、划艇、赛艇等运动），机体工作能力也可以同时得到提高。

许多耐力项目（如赛艇、游泳、自行车、中长跑等）往往把持续负荷法用于越野跑训练，并取得了突出的成绩（如采用匀速越野跑和变速越野跑等）。博姆帕（1990）指出，采用变速训练时，可在练习过程中逐步提高速度，即从较低的强度提高到中等强度。例如：第一个 1/3 的距离可用较低的速度完成，然后将速度提高到稍低于中等强度的水平，最后 1/3 距离则用中等强度的速度完成。此外，还可以从中等到次最大不断变换强度。例如：在每 1～10 分钟的最高强度负荷后，可穿插安排中等强度负荷，以保证机体在下一次提高负荷前稍有调整。采用最大速度负荷时，心率可达到 180 次/分左右，恢复阶段降到 140 次/分左右（法伊弗，1971）。有节奏的、波浪形变化的强度安排，有助于进行大负荷量训练，并能有效提高心脏和中枢神经系统的功能，提高机体在不同情况下的适应能力，从而大大提高有氧耐力水平。这种方法不仅可用于周期性项目，也适用于非周期性项目（如球类运动、摔跤、拳击等）的准备阶段。

（二）间歇训练法

间歇训练法是指在相对固定的条件下，严格按照规定的训练距离、强度、时间、次数以及每次训练后的间歇时间进行练习的方法。

间歇训练法对于短距离跑和中长距离跑项目的速度耐力和耐力水平都有较显著的作用。间歇的方法都是采用积极性休息方式，如采用慢跑或走，也采用一些放松性的练习。当心率恢复到 120～130 次/分时就开始下一次的练习。

由于间歇训练法是在运动员机体未能完全恢复的情况下就进行下一次练习，因此对机体产生以下几方面的影响。

（1）能有效地提高人体每分钟输出量，提高心肌收缩力水平和心脏输出量水平。

（2）能有效地提高人体的呼吸系统功能，特别是最大吸氧量水平。

（3）对于负荷时间较长，负荷强度相对较低的长距离跑或部分距离相对较长的中距离跑项目，采用间歇练习法，能有效地提高糖元有氧分解能力和有氧耐力水平。

（4）对于负荷时间较短，负荷强度相对较高的中距离跑及部分距离相对较长的短跑项目，采用间歇练习法，能有效地提高有氧无氧混合供能的能力和无氧耐力水平。

练习的时间、距离，练习的强度、间歇的时间与练习的目的构成不同类型的间歇训练法（表 5-2）。

间歇练习法是准备期的主要练习方法，它的最大特点就是对于间歇时间有严格的规定。一般是以跑后心率恢复到 120～130 次/分所需要的时间来作为间歇的时间，因此具有严格的指标。

表 5-2　不同类型的间歇训练法参考

练习目的	练习时间（分钟）	练习强度	间歇时间	重复次数
提高有氧耐力	8～15	小强度	长	较多
提高无氧耐力	8～20	最大强度或大强度	短	多
提高混合耐力	2～8	中等强度	中	中
提高专项耐力	8～15	大强度	短、中、长	少、中、多
提高力量耐力	8～15	中等强度	短、中、长	多

（三）重复训练法

重复训练法是指在不改变动作结构和负荷量的条件下，按照规定的距离、持续时间、负荷强度反复进行练习的方法。

重复训练法的主要作用是提高以无氧代谢为主的短跑运动员的耐力水平以及以混合代谢为主的中距离跑运动员的耐力水平。

（1）短距离跑中的较长距离跑，如 200 米、400 米，由于项目本身对速度耐力要求高，通过较长距离（300～500 米）段落的重复跑，能有效地发展乳酸能供能系统的水平和提高机体负氧债能力。

（2）中距离跑项目中的较短距离项目，如 800 米，无氧代谢比例较高，跑时的氧债较大，且乳酸的堆积量也较大。因此，通过重复跑 500～150 米的段落，不仅能提高人体对氧债和大量乳酸堆积的耐受力，而且还能提高无氧耐力和速度耐力。

（3）长距离跑项目的运动负荷较大，每分吸氧量以及循环系统要全力动员，又因跑的时间较长，使循环系统和呼吸系统有时间克服惰性，逐步提高其工作水平。因此，通过较长距离的反复跑，可以发展循环、呼吸系统的机能水平，提高专项耐力。

重复训练法是竞赛期的主要练习方法，多用于竞赛期的初期。根据运动员的实际状况，可以在一定的范围内变换刺激量和刺激强度，但一般情况下，刺激量和刺激强度是相对固定的。

重复训练法的特点是在心率恢复至 100～120 次/分时，再进行下一次练习。其练习的时间、练习距离、练习重量及动作等有着明显的专项特点，练习的强度较大，练习的次数较少。

重复训练法的练习目的、练习时间及练习强度等见下表（表 5-3）。

表 5-3　重复训练法的练习参照指标

练习目的	练习时间（分钟）	练习强度	间歇时间	重复次数
提高有氧耐力	8～15	最大强度、大强度	中、长	少
提高无氧耐力	2～100	极限强度、最大强度	短	少
提高混合耐力	2～10	最大强度、大强度	中	少
提高专项耐力	15～60	大强度	长	少
提高专项速度	15～30	最大强度、大强度	短、中、长	少

（四）比赛训练法

比赛法是借助比赛或模拟比赛的形式提高运动员比赛能力和提高专项耐力的一种练习方法。

比赛法是在竞赛期主要采用的训练方法，可用于竞赛期的各个时期，在进行比赛法训练时，应充分考虑以下几点。

（1）练习的时间、练习的距离、练习的重量及次数、强度等应近似于专项比赛的形式和特点。

（2）在比赛训练时，为提高比赛能力，应把比赛技术贯穿于比赛的专项耐力训练之中。

（3）从实战出发，按照预先确定和设计的比赛战术进行训练，培养比赛能力，积累比赛经验。根据不同运动专项的比赛方式和特点，比赛法的应用也有所不同（表5-4）。

表 5-4　比赛训练法参照表

练习目的	练习量	练习强度	间歇时间	重复次数
专项比赛及其模拟	长于比赛时间	与比赛强度相同或高于比赛	与比赛时间相同	与比赛相同
专项比赛能力模拟	与比赛相同	与比赛强度相同或高于比赛	短于比赛时间	无
专项技术模拟	与比赛相同	设计的比赛强度	与比赛时间相同	与比赛相同
专项战术模拟	与比赛相同	设计的比赛强度	与比赛时间相同	与比赛相同
比赛能力检查	短于比赛时间	与比赛强度相同或略高于比赛强度	与比赛时间相同	与比赛相同

（五）高原训练法

高原训练法是指在海拔较高，空气中氧含量较少的高原地带进行训练的方法。如我国在青海多巴、云南昆明等地都设有高原训练基地。通过在海拔高度 2000 米左右的地带进行高原训练，可以发展运动员的有氧代谢能力，以提高运动员到平原后承担大负荷训练和参加大强度比赛的能力。

高原训练时，由于高原空气的氧含量比平原少，这对机体的心血管系统和呼吸系统提出了更高的要求，通过一段时间的训练和适应过程，运动员肺通气量和呼吸效率会有所提高，从而促使呼吸、循环系统的机能得到改善。

通过高原训练后，运动员血液中的红血球数量和血色素量会得到增加，这就提高了机体血液输氧能力。同时还使肌肉毛细血管增大变粗，从而使肌细胞的新陈代谢有氧供能能力显著提高。

（六）循环训练法

循环训练是根据训练的具体任务，有目的地建立几个或多个练习"站"，每个"站"由一个或几个与发展一般耐力有关的联系组成，使运动员按规定的顺序、路线，每站所规定的练习数量、方法和要求，一站一站地进行练习，可循环一周或几周。由于循环训练中下一个站的练习是在上一个站练习对身体刺激留下的"痕迹"的基础上进行的，所以，从第二个练习站起，每站练习几乎都超过前站的负荷。因此，循环训练对改善和发展血液循环系统、呼吸系统的功能具有显著作用，同时还可以使运动员各部位肌肉受到全面的影响，局部肌肉负荷与休息得到交替，运动员的练习兴趣得到提高，故循环训练对促进一般耐力发展具有积极作用。

此外，其他各种综合性的速度游戏、轻重量多次数的负重练习等，也是发展一般耐力的有效方法。

三、耐力素质训练的手段

1. 重象跑

①方法：固定跑的距离，多次重复，进行该段距离的跑，重复跑时的速度、距离，重复次数等应根据练习目的和练习者的具体情况而定。

②作用：发展专项耐力和一般耐力，提高无氧代谢能力水平。

③要求：每次练习之间的间歇时间以心率恢复到 100～120 次/分为限，再进行下一次练习。

2．变速跑

①方法：是一种按一定距离变换速度的跑法。在跑的过程中，用中等速度跑一段距离后，再以较慢速度跑一段距离，采用不同速度交替跑，用于发展一般耐力。

②作用：发展有氧和无氧代谢能力，提高一般耐力和专项耐力水平。

③要求：中速跑与慢速跑交替进行相同的距离或中速跑的距离较慢速跑稍短一些，变速的交替次数依练习目的而定。

3．间歇跑

①方法：练习者采用快跑一段距离后，再慢跑或走一段距离的中途有间歇的跑法。跑的速度、距离，间歇时采用慢跑或走以及练习的次数，应根据练习目的而定。

②作用：发展专项耐力水平。

③要求：快跑的速度应使脉搏达到每分钟 170～180 次左右；慢跑或走时，使脉搏应控制在每分钟 120 次左右时再重复下一次练习。

4．越野跑

①方法：可采用个人或结伴的形式，进行距离较长、强度较小的在野外自然环境中的跑步，在跑步中应保持正确的跑步姿势，充分利用野外的上坡、下坡等地形进行练习以发展一般耐力水平。

②作用：发展一般耐力水平，提高有氧代谢能力。

③要求：越野跑时应穿软底鞋，跑的距离及时间根据个人特点和练习目的确定，跑的过程中脉搏应保持在每分钟 150 次左右。

5．追逐跑

①方法：在田径场或自然环境中，采用多人相互追逐的跑。追逐时间可选择一定的距离追逐，然后再慢跑或走，反复追逐。追逐跑的距离和速度应根据练习的目的而定。

②作用：发展速度耐力、无氧与有氧代谢水平。

③要求：同伴之间相互保持 5～10 米的距离，用中等或较快的速度追逐对方，慢跑时应使脉搏不低于每分钟 100 次左右。

6．领先跑

①方法：在田径场、公路或自然地形中，以多人练习的形式，每个人轮流交替领先跑，用接近比赛的速度跑完一定的距离，然后进行慢跑的练习，发展专项耐力。

②作用：发展专项耐力水平。

③要求：跑的距离和速度要结合专项的要求，脉搏要保持在每分钟 170 次以上。由于练习的强度较大，可每周或隔周安排练习一次。

7. 匀速持续跑

①方法：采用中等速度持续跑较长或一定的距离，在整个过程中，保持一定的速度，用匀速跑完练习规定的距离，以发展专项耐力。

②作用：发展专项耐力水平，提高混合代谢能力。

③要求：要达到中等速度，心率保持在每分钟 150 次左右，以匀速持续跑一定的距离。

第六章　高校田径运动走跑类课程教学指导

高校田径运动走跑类课程主要包括竞走、短跑、中长跑、跨栏跑等。本章主要从竞走、短跑、中长跑、跨栏跑这几个方面对高校田径运动走跑类课程教学进行指导。

第一节　竞走

一、竞走技术介绍

（一）基本姿势

学生在进行竞走运动时，必须掌握正确的身体姿势才能起到更好的锻炼效果，通常竞走运动在进行迈步时其身体应始终保持挺直和放松，后背也要始终保持平直，迈步时骨盆没有向前或向后倾斜（图6-1）。在竞走运动中，身体的纵轴与地面是保持垂直的，学生的头部位置要自然并要看下方的路面，这也是竞走运动保持正确身体姿势的一个重要部分。

图 6-1

由于平时学生很少能够接触到竞走运动，在进行教学时，几乎都没有竞走运动基础，因此，学生在掌握竞走技术时，很容易出现错误的技术动作。其中常见的错误身体姿势有以下几种。

（1）凹背：这是一种常见的错误身体动作，它对髋部的运动会产生较大的限制，同时会造成身体重心的后移。不仅如此，运动中长时间处于凹背状态会造成后背或腹部肌肉的过度紧张，导致竞走时的步幅缩短，甚至出现非法迈步（图6-2）。

（2）腰部弯曲：在学生肌肉力量减弱或者躯干肌肉力量失调的情况下，容易出现这种错误姿势，在竞走过程中会对髋部的运动产生限制（图6-3）。

图6-2　　　　　　　　　　　　　　　　图6-3

（3）低头：低头通常是由缺乏注意力或者颈部肌肉力量减弱而引起的。在竞走运动过程中，学生低头很容易就会出现颈部和肩部的痉挛。

（4）身体过分地向前或向后倾斜：整个身体出现向前或向后倾斜时都属于潜在的、有害的错误动作，并减小了力学效果。

上述几种常见的错误姿势，都会对竞走运动的正常进行产生较为严重的影响。不仅阻碍了竞走运动美感的产生，还使整个动作的力学效果减弱，不利于竞走速度的提高。

（二）步长

正确的髋部动作能有效的增大步长（图6-4），同时也有助于顺利完成沿着一条直线的正确的放脚（图6-5a）。而错误的髋部动作，如转髋动作不足或者受骨盆柔韧性的限制，将导致脚落在一条直线的两侧（图6-5b、c），而影响竞走的步长。

 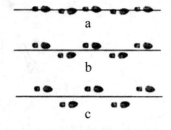

图6-4　　　　　　　　　　　　　　　　图6-5

（三）摆臂技术

在学生的个体差异性影响下，竞走中的摆臂动作也会呈现出一些不同的变化。但一般摆臂时学生的肘部弯曲程度都在 45°～90°之间。而虽然每次摆臂的肘部弯曲角度都是固定的，但是在整个的摆臂过程中，整个手臂的肌肉应处于放松状态。与之前摆动相比，这种屈臂摆动对竞走的速度和效果有更好的辅助作用，屈臂竞走不仅缩短了转动半径，而且还会使摆动速度变得更快，学生在竞走过程中得到一定的放松，利于更长距离的竞走。摆臂的方向主要是前后方向，而不是从左到右。

竞走时，手是在一定路线上进行移动的，要从臀后腰带水平的位置沿着弧线摆向胸骨位置，两手不应在身体中线的位置交叉，整个臂的摆动低且处于放松状态。两个肩胛骨间不应紧张，摆臂结束时也不应耸肩。

手应适当放松，但是在摆臂时手腕不应下垂或上下甩动。手腕应伸直，同时手应呈半握拳状。当手摆过臀部时，指尖向内。

学生在进行竞走运动时常会由于对技术动作的理解不够，而出现一些错误的摆臂动作。常见的错误动作有以下几种。

（1）摆臂时，经常会出现左右摆动幅度过大，这种错误的摆臂动作会使学生的重心不稳，容易出现身体的左右摇晃，造成不必要的能量损失。

（2）摆臂时，手肘关节的角度过大。一般当手肘关节的角度超过 90°时，就属于摆臂手肘角度过大的错误动作。学生在运用这种错误动作情况下，其竞走的节奏和速度都会受到一定影响，并增加了身体能量的消耗，容易导致运动疲劳的产生，缩短了竞走的时间，对竞走的最终成绩产生较大影响。

（3）摆臂时，手肘关节的角度过小。一般当手肘关节的角度小于 45°时就属于摆臂手肘角度过小的错误动作。在此错误动作的影响下，学生进行竞走运动的步幅会被减小，并会进行浪费能量的上下运动，往往会因疲劳增加而失败。不正确的运动技术和注意力不集中更容易引起这种错误动作。

（四）膝关节运动技术

在脚跟接触地面的瞬间直至支撑腿达到垂直部位时，膝关节都必须伸直（图6-6）。在恢复摆动时，膝关节弯曲，因缩短了转动半径而加快了摆动的速度。因此，后腿的弯曲直接影响着摆动的速度和效果。不同身体特点的学生，其后腿开始弯曲的时机也会有所变化。后腿弯曲的最佳时机应根据膝关节的结构、柔韧性和力量来决定。

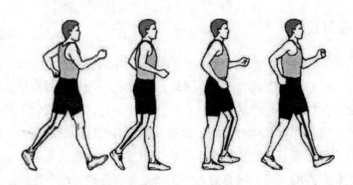

图 6-6

学生在日常的竞走运动练习过程中，也经常会出现一些错误的膝关节技术动作，常见的错误动作有以下几种。

（1）前腿膝关节摆动过高。膝关节摆动过高，小腿和脚抬高后，要放回至稍低的位置才能与另一条腿进行交替的摆动，长时间维持这样的动作就会造成身体能量的严重浪费，容易导致非法迈步（图 6-7）。

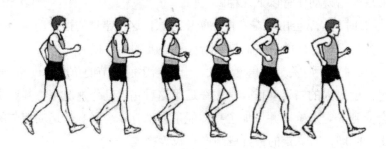

图 6-7

（2）前腿膝关节在腿达到垂直部位之前弯曲。学生想在运动过程中走得更快是其出现这种错误动作的主要原因之一，过快的竞走速度往往会超出个体运动素质水平所能承受的范围。因此，在竞走运动中，学生采用正确的膝关节动作是提高竞走速度的基础。

（3）脚跟着地时屈膝。如果学生在竞走时迈步过大，就容易出现这种错误动作，它与学生的股四头肌力量不足以及与跟腱紧张或力量弱有较大关系。

（五）脚部运动技术

在高校竞走运动中，脚部着地并不是整个脚掌全部与地面接触，它的正确着地方式是脚跟先着地，脚尖跷起。一旦脚与地面接触，人体就开始向前运动，在腿完全支撑人体重量之前脚尖不可着地，脚尖离地的时间与胫外侧肌的力量有直接的关系。在蹬离地面之前有一个以腓肠肌引起脚转向垂直的推动力。摆动腿的脚向前靠近，但不是擦地而过。正确的脚部动作不仅能使身体重心的转移更加流畅，而且还有助于缓冲身体重力对膝关节的压力。

（六）髋部运动技术

在竞走运动中，主要是通过向前转髋（横轴平面平行于地面），来将后腿推离地面的。髋部动作是整个竞走运动的发动机，可以帮助膝关节和脚加速向前运动。在之后的摆动动作阶段，膝关节赶上向前运动的髋的位置。依此直到完成竞走。当接触地面时，脚后跟应略超过膝关节。

（七）骨盆运动技术

骨盆转动是现代竞走运动中的一个重要特征，而其中最为显著的是骨盆围绕垂直轴的转动和围绕前后轴的转动。从骨盆转动的技术效果分析，围绕垂直轴的转动（髋关节屈伸）能够增加步长，有利于身体重心向前移动；围绕前后轴的转动有利于支撑腿的伸直，摆动腿快速前摆。骨盆的转动与支撑腿、与摆动腿摆动及躯干、肩横轴、摆臂有着协调配合的关系。竞走时躯干处于正直或稍有前倾的姿势，躯干过于前倾，会使骨盆留在后面，容易造成跑的动作。竞走时肩轴和髋轴向相反的方向转动使骨盆扭紧；两臂的动作可以平衡两腿动作和配合骨盆的转动。两臂是屈肘摆动的，在垂直瞬间屈肘约90°，摆臂向前时稍向内，不超过躯干中线；摆臂向后时稍向外，自然配合肩轴和髋轴的转动及骨盆的转动。

二、竞走技术教学步骤

（一）初步认识竞走运动

教师通过对竞走运动的分类和技术演变过程，以及竞走比赛的规则和遵守这些规则的重要性的介绍，让学生能够对竞走运动形成一个初步的了解。同时还要对竞走运动的健身价值进行着重的强调，努力激发起学生学习竞走运动的积极性和主动性。

（二）竞走技术基础教学

1. 初步掌握竞走技术及其特点

通过各种传统的和现代的教学手段和方法进行现代竞走技术及特点的讲解，让学生了解掌握现代竞走技术及特点，具体的方法和手段包括示范、播放技术录像、观看技术图片及讲解等。

竞走技术主要有以下几个方面的要点。

（1）以"竞走"定义为依据进行技术动作结构的完善，对肉眼观察不到的腾空时间进行充分利用，以使步长增大或步频加快。

（2）竞走技术有着一定的空间特征，人眼不可见腾空和人眼可见前脚着地至垂直部位膝关节伸直的动作形象都是其空间特征的具体体现，因此要使肉眼清楚观察得到保证。

（3）对着地前直腿勾脚尖、足踵着地的准备动作进行充分利用，为着地时的制动作用最大限度的减小，采用的着地方法为足踵"滚动式"，同时要使步长得到增加，主要通过直腿足踵着地的充分利用来实现。

（4）对竞走的定义有着清晰的认识，保证与竞走定义相符合的前提下，竞走技术动作应使步伐增大和步频加快，或在稳定步长的基础上使步频加快，或在稳定步频的基础上使步长加大。保持步长与步频的相对稳定，以此为基础提高稳定步长步频的持续时间的耐久性。

2．竞走技术练习

（1）直线大步屈臂前后摆动走 60～100 米的竞走练习，要求学生脚跟先着地，着地时膝关节伸直。

（2）直线大步走 60～100 米的竞走练习，要求学生脚跟先着地，做到动作自然放松，步幅开阔。

（3）竞走 200 米左右，主要是慢速和中速竞走，对学生的要求是从脚跟着地时起至垂直支撑膝关节应伸直前腿脚跟着地时后腿脚尖即将离地（不要出现腾空），体会蹬地时伸展髋关节和踝关节，向前摆腿时脚离地面较近的动作过程。

（三）完善竞走技术

1．完善行进间摆臂和肩部动作技术

（1）两腿开立，比肩稍窄，原地做以肩关节为轴的屈肘摆臂练习，摆臂过程中肩关节冠状轴绕人体垂直轴适当转动以及两臂置于背后和头后的 60～100 米的重复走。

（2）进行 100～150 米的竞走，以慢速和中速进行重点掌握正确的摆臂动作，以及肩关节冠状轴与髋关节冠状轴做适度扭转动作。

2．完善髋关节冠状轴绕支撑腿髋关节垂直轴和矢状轴转动的技术

（1）两腿左开立，比肩稍窄，原地做骨盆回环转动练习。体会髋关节冠状轴绕支撑腿髋关节垂直轴转动，以及适度绕矢状轴转动动作的方法。

（2）原地前交叉步走和行进中前交叉步走，对髋关节冠状轴绕支撑腿髋关节垂直轴的转动进行体会。

（3）进行 60～160 米的竞走，速度为慢速和中速，重点掌握髋关节冠状轴绕支撑腿髋关节垂直轴的转动方法，同时对脚的着地方法和支撑腿膝关节伸直的范围进行体会。

3. 完善弯道竞走技术

（1）进行 100～120 米的竞走，地点为田径场弯道，竞走时要严格遵守弯道竞走技术要求。

（2）进行沿圆圈竞走，圆圈的半径为 10～15 米，要求同（1）。

（四）提高竞走技术

（1）100～400 米的竞走，以中速进行。

（2）进行变速走，主要是中速竞走 200 米和快速竞走 200 米相结合。

（3）进行 200 米、400 米或 800 米竞走。

第二节　短跑

一、短跑技术介绍

（一）起跑

起跑是由静止到起动的过程。其任务是获得向前的冲力，迅速摆脱静止状态，为起跑后加速跑创造条件。起跑的要求是蹬腿摆臂有力，积极向前，力求以最快的速度打破平衡。

1. 起跑器安装

在高校田径短跑运动中，学生首先要学会如何安装和调适起跑器，这也是顺利开展短跑运动的一个基础技能。在短跑运动中，起跑器的安装一般有拉长式、接近式和普通式三种方式，其中最为常用的是普通式和拉长式两种。

（1）普通式

前起跑器距起跑线后沿为该学生的一脚半长，后起跑器离前起跑器也为一脚半长。前后起跑器的支撑面与地面夹角分别为 30°～45° 和 60°～80°，两起跑器的中轴线间隔约为 15 厘米。

（2）拉长式

前起跑器距起跑线后沿为学生的两脚长，后起跑器离前起跑器为一脚长。起跑器的支撑面与地面的夹角和两起跑器左右间隔与普通式基本相同。

2．起跑技术

在现代田径短跑运动中，起跑必须采用"蹲踞式"起跑技术。它主要由"各就位""预备""起动"这三个连贯的动作组成。

在高校短跑的起跑阶段，学生要做好准备，当听到"各就位"的口令时，做几次深呼吸，走到起跑器前，俯身两手撑地，两脚依次蹬在起跑器的前后抵趾板上，后腿膝盖跪在地面，两手呈"人字形"撑在起跑线后沿，两臂伸直与肩同宽或稍宽于肩，身体重心处在两手两脚支撑点中央，整个躯干微微弓身，但不能蜷缩（图6-8）。

在听到"预备"口令后，首先吸一口气，然后从容不迫、平稳地抬起臀部，高度稍高于肩，随着抬臂重心适当前移（注意身体重心的前移以不使两臂支撑负担太重为前提）。这时身体重量主要落在支撑的两臂与前腿上，以便于支撑腿的起动用力。此时前腿的膝关节角度为90°～100°，后腿的膝关节角度为110°～130°，两个脚都要压紧抵趾板。这种姿势、角度和全身状态，便于起动时蹬、摆配合，有利于迅速起动和发挥速度，身体各部位的姿势摆好后，注意力高度集中，静等鸣枪（图6-9）。

图6-8   图6-9

听见枪声响后两手迅速离地，两臂屈肘快而有力地前后摆动，同时两腿迅速蹬离起跑器屈膝，快而有力地向前摆动，身体形成较大的前倾姿势，也称"起步跑"（图6-10）。

图6-10

（二）加速跑

加速跑是从后腿蹬离起跑器，到途中跑开始的一个跑段。它的主要任务就是在借助起跑冲力的情况下，在最短时间内使自己达到最高的跑动速度。起跑后能否加速首先取决于起跑姿势和力量的发挥。在运用起跑后加速跑技术时，要求学生身体的前倾角度要适宜，腿和手臂的蹬摆要迅速有力，逐渐抬体，逐渐加大步长，逐渐加快步频。

在短跑运动中，由于学生的身体是由静止状态开始，起动的跑的速度还比较慢，因此加速跑的最初几步是沿两条相距不宽的直线着地的，随着速度的加快两脚的着地点逐渐会趋于一条直线上（一般在起跑后 10～15 米处）。

起动后第一步不宜过大，但也不能太小，一般落在起跑线前 60～70 厘米处。起跑后的几步上体前倾较大，摆臂要十分有力；两脚着地点是沿两条相距不宽的直线前进，几步以后才逐渐合拢，一般加速跑 20 米距离左右后进入途中跑。

（三）途中跑

在短跑运动中，途中跑是决定运动成绩的一个重要环节，学生在进行途中跑时，要做到动作放松，跑动幅度要大，频率要快，采用前脚掌着地，且富有弹性，并由踝、膝等关节积极缓冲过渡到后蹬。途中跑的基本技术主要包括两腿动作、重心起伏、摆臂和上体姿势。

进行途中跑时，学生要保持身体端正且稍向前倾，两臂以肩为轴，以肘用力（屈肘关节角度约为 90°），手掌伸出做快而有力摆动。前摆时肘关节角度可达 60°～70°，后摆时肘关节角度可达 130°～140°。大腿带动小腿自然有力地大幅度快速摆动，前脚掌扒式着地，两腿蹬摆与两臂摆动协调配合（图 6-11）。跑动时，学生要正视前方，目视终点，颈部放松，躯干保持正直或稍前倾。要注意的是，跑动时，学生应采用短而快的呼吸方式，不可憋气。

图 6-11

（四）弯道跑

1．弯道起跑

在 200 米短跑中需要用到弯道起跑技术，它和其他短跑的起跑技术一样，是为了迅速摆脱静止状态，为起跑后加速跑创造条件。弯道起跑的技术要求与一般短跑的蹲踞式起跑技术基本相同，都要求蹬腿摆臂有力，起动迅速。

为了便于起跑后有一段直线距离加速，弯道起跑器的安装位置应靠近外侧分道线，并正对里侧分道线的切点方向，起跑时，右手撑在起跑线后，左手撑在起跑线后约 5～10 厘米处，使身体正对切线方向。这样做可以达到起跑后有一段直线距离加速的起跑效果，有利于起跑后的加速跑。

2．弯道起跑后加速跑

弯道起跑后加速跑的任务是尽快达到最高速度。其技术要求是前倾角适宜，蹬摆有力。学生在进入弯道起跑后的加速跑，要逐渐增大步幅，渐抬重心，渐成直线。在弯道起跑后加速跑阶段，上体要早些抬起，以利跑入弯道时和在继续跑进中，保持身体平衡。

3．弯道途中跑

弯道途中跑的任务是发挥或保持最高速度。其技术要求是保持途中跑动作技术，特点是身体技术动作幅度右侧大于左侧。弯道途中跑的距离较短，但其重要性却很大，要做好直道跑到弯道跑再到直道跑的过渡与衔接。

从直道进入弯道跑时。身体应有意识地向内倾斜，加大右腿的蹬地力量和摆动幅度，同时右臂亦相应地加大摆动的力量和幅度，以利迅速从直道跑进弯道。进入弯道跑后，后蹬时右脚前脚掌内侧用力，左脚前脚掌外侧用力。

大腿前摆时，右膝关节稍向内，同时摆的幅度比左膝大。左腿前摆时，应稍向外。右臂摆动的幅度大于左臂，前摆时稍向左前方，后摆时右肘关节偏外，左臂稍离躯干做前后摆动。弯道跑时的蹬地与摆动方向都应与身体向圆心方向倾斜趋于一致。从弯道跑进直道，应在弯道的最后几米处身体逐渐减小内倾程度，并顺自然跑2～3 步后转入正常的途中跑。

（五）终点跑

终点跑是短跑的最后阶段，终点跑要尽可能地保持途中跑的最高速度。终点冲线的跑法与途中跑相同，但要坚持加快跑速向终点冲击。终点跑的最后一步加大躯干前倾以使胸部尽快冲过终点线。

由于体力关系，快到终点的这段距离一般都会减速，要想尽力保持途中跑的速度，到达终点还需要做到加速摆臂速度，保持上体前倾，用躯干部位撞终点线。跑过终点后应逐渐减速，不要突停，以免跌倒受伤。

短跑技术总的要求是起跑反应快，加速能力强，途中跑维持高速度时间长，最后冲刺狠。跑动中上下肢摆动幅度大，脚着地缓冲时间缩短，后蹬时间增加，支撑与腾空时间之比适宜，全程各段落速度分配合理，有良好的冲刺跑能力，整个动作轻松、协调，节奏快，总体效果好。

二、短跑技术教学步骤

（一）初步认识短跑运动

教师通过讲解、示范和各种演示（如多媒体、录像、挂图等），使学生建立正确的短跑技术概念，形成基本的动作表象，了解短跑技术的基本要领、要求和方法，调动学生学习的积极性和兴趣。

（二）直道途中跑技术教学

1．建立直道途中跑技术概念

通过教师的讲解和示范，使学生建立正确的直道途中跑技术概念，形成基本的动作表象，了解和掌握直道途中跑技术的要求、方法和要领，另外，教师针对具体情况可提出注意事项。

2．进行摆臂技术练习

这阶段主要是为了提高学生摆臂动作效率，使学生形成正确的上体姿势。练习时，学生可在原地、慢跑、快跑中进行个人或集体的反复练习，练习中注意以肩为轴，肩部放松，大幅度前后摆臂。注意在前摆时，摆臂动作一般不要越过身体中线。

3．进行跑的专门练习

（1）小步跑练习

小步跑练习是发展学生跑动时摆动腿积极下落着地技术和增加步频的重要手段。练习时，学生摆动腿大腿抬起与水平线约成 35°～45°角，然后大腿下压，小腿随大腿下压动作惯性前伸，并很快以前脚掌积极着地。着地后膝关节伸直，骨盆前送，两臂屈肘前后摆动。注意学生在练习时，应保持高重心、小步幅、快频率的状态，并脚落地后要有扒地的动作，整个动作要做到自然放松。

（2）高抬腿跑练习

通过高抬腿跑练习，可以帮助学生掌握跑时摆动腿高抬和下压技术，发展抬腿肌肉群力量和步频。练习时，学生的前摆大腿要抬平，膝关节放松小腿自然下垂，然后大腿积极下压，小腿自然下落并用前脚掌着地。支撑腿髋、膝、踝关节伸直，骨盆前送。

（3）后蹬跑练习

后蹬跑练习可以帮助学生掌握跑的蹬摆技术，增加动作幅度，并有效发展后蹬肌群力量。练习时，学生摆动腿以膝领先，大腿带动髋部向前摆动，然后大腿积极下压用前脚掌着地，两臂配合前后摆动。在练习时还要注意其重心移动要平稳，动作保持轻快。支撑腿要快速有力蹬伸，方向要正，后蹬角要小，髋、膝、踝充分蹬伸。

4. 直道途中跑练习

通过此练习可以帮助学生进一步理解和完善短跑途中跑的正确技术和动作。常用练习方式有：30～50 米的行进间跑，50～80 米的加速跑。60～80 米中速跑等。练习时，要用前脚掌着地，跑得动作应轻松、协调，步幅开阔，摆臂幅度大，富有弹性。

（三）蹲踞式起跑与加速跑技术教学

通过对教师的讲解、示范和各种演示的了解，使学生建立正确的蹲踞式起跑和起跑后加速跑技术概念，形成基本的动作表象，了解蹲踞式起跑和起跑后加速跑技术的要求、方法和要领，教师针对具体情况可提出注意事项。

1. 练习各种反应能力

（1）跳起，以双脚落地为定格的猜拳游戏。

（2）不同信号形式的起跑游戏，如口令、击掌、鸣枪等。

（3）由各种身体姿势听信号迅速跑出游戏，如站、蹲、坐、卧、背向等。

（4）快速倒报数游戏。

2. 学习蹲踞式起跑

（1）学习起跑器的安装：起跑器的安装应以普通式为主，注意结合个人特点，要求稳固、合理，便于起跑和发力。

（2）学习蹲踞式起跑：学习"各就位""预备"的动作，基本掌握方法后再发口令成组练习。要求同学之间相互观看和纠正错误动作，并教育学生听枪声起跑，使学生养成公平竞争、不抢跑的习惯。

（3）学习加速跑：可以先采用描点跑等形式练习，随后结合蹲踞式起跑，做10 米、20 米、30 米的加速跑练习。要求在加速跑中，上体（或重心）要逐渐抬高，步幅逐渐增大，两脚落点逐渐趋于一条直线。

（四）弯道跑技术教学

教师结合讲解、示范和各种演示等内容，交代练习过程中的方法、手段和注意事项。让学生在练习过程中，建立正确的弯道跑技术概念，了解弯道跑技术的要求、方法和要领。具体的练习方法如下。

（1）在小圆圈上（半径约 10～15 米）用慢速跑、中速跑、快速跑进行练习，体会和学习弯道跑技术。

（2）在弯道上，用中速、加速、快速跑 60～80 米，体会和掌握弯道跑技术。

（3）从直道进入弯道跑。先在直道上跑 20～30 米，进入弯道再跑 20～30 米。体会和掌握直道进入弯道的衔接技术。

（4）从弯道转入直道跑。先在弯道上跑 20～30 米，转入直道后再跑 20～30 米。体会和掌握弯道转入直道的衔接技术。

（5）弯道起跑 25～30 米。按弯道起跑器安装方法安装起跑器，然后听口令做弯道起跑练习。

（五）终点跑技术教学

教师结合讲解、示范和各种演示等内容，交代练习过程中的方法、手段和注意事项。让学生在练习过程中，建立正确的终点跑技术概念，了解终点跑技术的要求、方法和要领。其具体练习方法如下。

原地练习，站在距离终点约一步距离的地方，练习双臂后摆，上体前倾的撞线动作。在走和慢跑中练习撞线动作。可将学生分成若干小组，每组一根终点带，让学生反复练习。中速跑和快速跑 30～40 米练习，在终点前一步作撞线动作，开始时，先让学生各自练习，然后将速度基本相同的学生组成小组，进行成组练习。在练习时，要注意撞线后的安全，严防摔倒或碰撞他人。

（六）全程跑技术教学

（1）复习前面所学的各种技术教学方法。

（2）全程跑 100 米，并进行技术评定和达标测验。

（3）结合技评和教学比赛进行计时跑 200 米、400 米。

第三节 中长跑

一、中长跑技术介绍

在高校田径运动中，中长跑运动是一项能够有效发展学生耐力素质的运动项目，学生坚持进行中长跑运动，可以有效改善身体机能，特别是对呼吸系统和心血管系统有着很好的改善作用，学生还可以通过克服长时间的运动负荷，培养不畏艰难、顽强拼搏的优秀品质。中长跑技术主要包括起跑、途中跑和终点跑三种技术。

（一）起跑技术

在中长跑运动中常见的起跑方式有两种，即"半蹲踞式"起跑和"站立式"起跑。

1. "半蹲式"起跑

学生在采用"半蹲式"起跑时，应以力量较强的一侧腿站立在起跑线的后沿位置，另一脚向后站立，两脚前后距离约一个脚掌。前腿的异侧臂支撑地面，支撑地面的手将拇指与其他四指分开呈"人"字形撑在起跑线后沿，另一臂放在体侧（图6-12）。在枪响后，两腿迅速并行蹬伸，后面的腿积极屈膝前摆，两臂则配合两腿的蹬摆动作进行屈臂前后摆动，整个身体向前俯冲，完成起动动作为起跑后加速跑获得预先初速。

图 6-12

2. "站立式"起跑

学生在长跑项目中，一般都会采用"站立式"起跑动作，在听到"各就位"口令时，学生应先做一两次深呼吸，轻松走或慢跑到起跑线后，两脚前后开立，有力的脚在前，脚尖紧靠起跑线后沿，前脚跟和后脚尖之间的距离约为一个脚掌长，两脚左右间距约为15～20厘米。体重大部分落在前脚掌上，后脚用脚尖支撑站立。两腿弯曲，上体前倾，头部稍抬，眼看前面7～8米处，身体保持稳定姿势，集中注意力听枪声或"跑"的口令。当听到鸣枪或"跑"的口令时，两脚用力蹬地，后腿蹬地后迅速前摆，前腿充分蹬直，两臂配合两腿动作做快而有力地摆动，身体适速跑出（图6-13）。

图 6-13

（二）途中跑技术

在中长跑运动中，途中跑是学生创造优秀运动成绩的重要环节，学生途中跑技术的好坏将会对比赛的最终成绩产生较大的影响。

1．上体姿势

在中长跑的途中跑过程中，学生要保持上体自然挺直，适度向前倾约5°左右，跑的距离愈长，上体前倾角度愈小，胸要微微向前挺出，腹部微微后收，头部自然与上体成一直线，颈部肌肉放松，眼平视。

2．摆臂动作

在做途中跑的摆臂动作时，学生要将手臂的摆动与上体和腿部的动作进行协调配合。学生在跑动时，两臂应稍离开躯干，肘关节自然弯曲，半握拳，两肩下沉，肩带放松，以肩为轴前后自然摆动，前摆稍向内，后摆稍向外，摆幅要适当，前不露肘、后不露手。摆臂动作幅度的大小应随跑速的大小而变化，感到疲劳时，可改为低臂摆动，以减小疲劳程度。

3．腿部动作

（1）后蹬与前摆

在进行途中跑时，当学生的身体重心移过支撑点之后，支撑腿就进入了后蹬阶段。当摆动腿通过身体垂直部位继续向前摆动时，支撑腿的各关节要迅速伸直。后蹬时各关节要充分伸直，首先以伸展髋关节开始，在摆动腿积极前摆的配合下向前送髋，腰稍向前挺，此时膝关节、踝关节也积极蹬直，这样能够适当地减少后蹬角度，获得与人体运动方向一致的更大水平分力，推动人体更快地向前移动。在后蹬结束时，后蹬腿完全伸直，上体、臀部与后蹬腿几乎成一直线，摆动腿小腿与蹬地腿成平衡状态。

（2）腾空

在途中跑过程中，学生在腾空阶段可以最大限度地放松蹬地腿的肌肉，并积极省力地将大腿向前上方摆出。当后蹬腿的大腿向前上方摆动时，膝关节的有关肌肉群放松，小腿顺惯性与大腿自然折叠。当摆动腿的大腿摆至与地面垂直时，骨盆向摆动腿一侧下降，摆动腿的膝关节低于支撑腿的膝关节。这样摆动腿一侧的膝关节比较放松，使肌肉用力与放松交替控制得好。

（3）落地

当大腿膝盖摆到最高位置后开始下压时，膝关节也随之自然伸直，用前脚掌做"扒地式"的着地。当脚与地面接触之后，膝关节和踝关节弯曲，脚跟适度下沉，脚着地点更靠近重心投影点，落在重心投影点前一脚左右的地方。跑时可用脚掌外侧着地过渡到全脚掌，也可用全脚掌着地，着地动作要柔和而有弹性，两脚应沿直线落地。

4. 弯道跑

学生在进行弯道途中跑时，应将身体适当的向左倾斜，以克服在跑动中所产生的离心力，一般的学生跑动的速度越快向左倾斜的程度越大。摆臂时，右臂向前摆的幅度稍大，前摆是稍向内，左臂后摆幅度稍大。摆动腿前摆时，右膝前摆应稍向内扣，左膝前摆稍向外展。脚着地时，右腿用前脚掌内侧着地，左腿用前掌外侧着地。弯道跑时，应靠近跑道的内沿，以免多跑距离，超越对手最好不要在弯道上进行。

（三）终点跑技术

在中长跑运动中，终点跑的动作要求基本上与短跑相同，学生在进入终点跑后，应加快摆臂的速度，加强腿的后蹬与前摆。一般情况下，800 米可在最后 200～300米，1500 米在最后 300～400 米，3000 米以上可在最后 400 米或稍长的距离开始终点冲刺跑。

二、中长跑技术教学步骤

（一）初步了解中长跑运动知识

教师应向学生传授一些中长跑的一般知识、要求和注意事项等，充分调动起学生学习中长跑运动的兴趣和积极性。

（二）途中跑技术教学

1. 建立正确的途中跑技术概念

教师利用现代化的教具讲解途中跑技术，使学生建立正确的技术概念，形成基本的动作表象，以更好地了解和掌握基本技术要领。

2. 大步放松跑

大步放松跑练习有助于培养充分后蹬和扒地动作，以及摆动腿的放松和着地动作。学生可以用自己最高速度的 60%～70%来进行大步放松跑练习，每次练习可跑 2～4 次 100～200 米的距离。

3. 反复跑

通过反复跑来改进途中跑技术，培养并形成跑的节奏感。学生可以采用 300～600 米（男）、200～400 米（女）的小强度或者采用 100～300 米较大强度的反复跑来进行练习。

4. 轻快跑

通过轻快跑来培养学生中长跑中放松、协调和提高频率的动作能力。

可以通过反复进行 50～80 米距离的放松快跑来进行练习。

5. 变速跑

变速跑练习不仅可以提高学生在途中跑时的肌肉耐力水平，还能有效发展其内脏器官功能。通常可以采用 100 米，快——慢节奏的跑动方法来进行练习。

6. 轮流领跑耐久跑

此练习可以提高学生练习跑的兴趣，发展机体的耐力。练习时，可让学生轮流领跑，按学生的水平分组，一般由跑速接近的人组队练习。

7. 定时持续的匀速跑练习

进行此项练习时，一般男生持续 8 分钟，女生持续 6 分钟（男生先跑出 2 分钟后，女生再跑，同时到达）。

8. 女子 800 米与男子 1500 米全程跑

这是提高学生中长跑技术水平的一个重要练习方法,学生在练习时前 200 米～400 米跑速一般可快于平均跑速，中间段基本保持平均跑速，最后冲刺应全力跑向终点。

9. 负重耐久跑

学生在进行这项练习时，可以有效发展其一般耐力和力量素质。通常负重物应放于腰部或腿部，负重量应根据学生的具体情况来进行确定。

（三）起跑和加速跑技术教学

通过教师的讲解和示范，使学生建立起正确的技术概念，形成基本的动作表象，提高运动中灵活反应的能力。起跑以及起跑后加速跑的技术和方法如下。

（1）10人左右一组进行集体起跑和加速跑练习。

（2）若干同学为一组，站立起跑线后，反复做起跑姿势的练习。

（3）以组为单位，站立起跑线后，听教师口令，做站立式起跑，跑动距离为30～80米。

（4）中等速度重复跑200米、300米或400米。

（四）全程跑技术教学

通过教师的讲解，使学生了解和掌握终点跑和全程跑技术的要求和方法。

（1）按水平分组，由站立式起跑出发，进行200米、400米或600米的中等速度重复跑，在最后50～150米处开始适当加速，冲刺跑通过终点。跑的总距离男生为1200～1500米，女生600～800米。

（2）按水平分组，由站立式起跑出发，进行男生1200米和女生600米的中等速度匀速跑，在最后100～200米处开始适当加速，冲刺跑通过终点。

（3）按个人体力分配方案跑。男生1200～1500米，女生600～800米。

（4）全程跑。组织教学测验或比赛并进行技评。测验、比赛距离：男生1500米，女生800米。

第四节　跨栏跑

一、跨栏跑技术介绍

（一）男子110米跨栏跑技术

1. 起跑至第一栏的技术

在男子110米栏跨栏运动中，学生从起跑到第一栏的距离为13.72米，这是跨栏跑中的一个重要环节，通过这一阶段的跑动可以有效提高学生身体的运动速度，并准确踏上起跨点，为跨越第一栏创造良好的条件。起跑至第一栏的技术要具备以下几点要求。

（1）在男子110米栏运动中，常见的起跑至第一栏所用步数是8步、9步，一些高水平运动员还会使用 1 步。在高校中，对步数的要求并没有太过严苛，但对学生起跨点的选择有一定的要求。在这一跑步技术中，凡用双数步跑完这段距离的，安装起跑器时应将起跨腿一侧起跑器摆放在前面（即起跨腿的脚放在前起跑器上），用单数步跑完这段距离的则相反。为了准确地踏跨在起跨点上，根据加速跑步点的需要，可将起跑器在起跑线后稍向前或向后安装。

（2）在做"预备"动作时，为了取得较大的步长，臀部抬起应明显高于肩部。当学生听到枪声后，迅速起跑，蹬离起跑器的动作要快，进入加速跑后，各步后蹬角度稍大，身体重心位置稍高，身体与地面的夹角稍大，这些都是为了增加步长和提高跑速，一般来说，学生加速跑前两步后，已进入正常跑。

（3）学生在跨第一栏时，应注意步幅的稳定、准确和节奏，步长要合理，一般从第 2 步开始，每步增加 15～20 厘米左右。最后一步为了做好起跨攻栏，应做一个"短步"，即比前一步短 15～20 厘米。

2. 跨栏步技术

（1）起跨攻栏

起跨攻栏是指起跨脚踏上起跨点到起跨腿后蹬结束离地瞬间的技术。出色的起跨攻栏技术要满足以下几个方面的要求。

①学生要根据自身的身体特点来确定起跨点。起跨点离栏架过远或过近都会造成上栏困难，延长过栏腾空的时间。一般来说，合理的起跨点应距离栏架 2.00～2.20 米。

②学生在起跨攻栏时，要做到着地快，蹬地快，起跨前一步，步长应缩短 15～20 厘米。起跨腿用前脚掌在靠近身体重心投影点附近的起跨点快速着地起跨。起跨前一步要注意身体重心的把握，要使身体重心尽快地通过支撑点上方，迅速转入攻栏动作。当转入攻栏后，起跨腿要迅速伸展髋、膝、踝这三个关节，同时髋部要前送，上体稍前倾，摆动腿异侧臂也前伸，使身体重心有较大距离的前移以形成适宜的起跨蹬地角，一般以 65°～70°为宜。

③在攻栏时，学生的攻摆速度要快，当起跨腿着地时，摆动腿由体后屈膝前摆动。当进入攻栏时，摆动腿大、小腿继续折叠向前上方高摆。这个摆动腿的折叠和向前上方高摆动作，由于缩短了摆动半径，加快了腿的摆动速度，从而能提高起跨攻栏的效果。

学生在整个起跨攻栏动作中，要保持迅速、积极的状态。当结束起跨攻栏动作时，起跨腿的髋、膝、踝这三个关节应充分伸直，头部、躯干和起跨腿基本上成一条直线（图 6-14）。

图 6-14

（2）腾空过栏

腾空过栏是指从起跨脚掌离地到摆动腿下栏着地为止这段时间内的动作。人体在完成腾空动作后，身体重心会随着腾空轨迹而向前运动。由于腾空后不能改变身体重心的位移速度和运行轨迹，因此腾空过栏时，只能依靠加快摆动腿和起跨腿以及上肢的协调配合，使人体迅速跨过栏架而快速着地。

起跨腿蹬离地面后，当摆动腿膝关节超过栏架高度时，摆动腿小腿迅速前伸，当摆动腿脚跟接近栏板时，摆动腿几乎伸直。与此同时，上体迅速前倾，使胸部几乎靠近摆动腿的大腿，摆动腿异侧臂完成带动肩部积极向前的动作，形成肩横轴与髋横轴交叉扭转状态，以维持身体平衡。此时，起跨腿仍留在身体后面，与上体几乎成一直线，并与在栏前的摆动腿形成一个大幅度的分腿动作。在摆动腿脚掌越过栏架后，随之开始做积极的下压动作。此时起跨腿屈膝外展并经体侧迅速向前提拉。起跨腿向前提拉时，小腿收紧使脚跟接近臀部，膝高于踝，脚尖稍向上翘，并与摆动腿的下压形成协调有力的剪绞动作。与此同时，摆动腿异侧臂配合下肢动作向侧后方做有力的划摆，到接近体侧下方时屈肘收回，另一臂则向前摆出，以维持身体平衡。而摆动腿的下压会使上体抬起，当摆动腿前脚掌着地时，借助于踝关节的缓冲，可使身体重心维持在一个较高的位置。摆动腿着地时，上体仍保持一定的前倾。随着起跨腿大幅度的向前提拉动作，使身体重心迅速移动过支撑点，此时跨栏步动作结束，转入了栏间跑阶段。

3. 栏间跑技术

在跨栏运动中，栏间跑是控制跨栏节奏，维持高速运动的一个重要技术环节，它是学生在下栏着地到下一栏起跨点之间的快速跑动过程。栏间跑的任务是维持跑速，把握节奏，准备攻栏。与短跑不同，栏间跑的特点是重心高，频率快，节奏强，栏间三步步长是按照小、大、中的比例来分配的。

（1）栏间第一步。这一步应该与学生的下栏动作相结合。学生在下栏着地时，其摆动腿的膝关节几乎伸直，参加后蹬用力的伸肌群已处于充分拉长状态，与此同时起跨腿经过外展提拉，放脚落地。摆动腿与起跨腿这种不同于短跑的交叉步动作，减小了抬腿速度和后蹬力量，所以步长是三步中最小的。

（2）栏间第二步。这一步是学生进行快速跑进的关键。由于基本恢复了正常跑步动作，故这一步力量强、速度快、抬腿高，步长约为 2.10 米，是栏间跑最大的一步。

（3）栏间第三步。这一步应该与学生的起跨攻栏动作相结合，也是栏间跑速度最快的一步。由于在快速跑进的同时要为起跨做好充分准备，因此学生的第三步抬腿不高、放脚快且靠近身体重心投影点，出现了比第一步大、比第二步小的居中步长。

4. 终点跑技术

在男子 110 米跨栏跑中，终点跑是学生在完成全程的 10 个跨栏后，向终点冲刺的过程。在终点跑中，学生在跨过最后一个栏后，摆动腿应该迅速下压，距离着地点较近。起跨腿一过栏架即可向前摆出。需要注意的是终点跑应加强后蹬和摆臂，加快步频，以最快的速度冲向终点。

（二）女子 100 米跨栏跑技术

女子 100 米栏与男子 110 米栏在动作结构上基本相同，全程设 10 个栏架，用 49～50 步跑完。而相比于男子 110 米栏，女子 100 米栏在栏高和栏距上还是存在一定的差异，这也使得女子 100 米栏也具有自己较为独特的运动技术特点。具体如下。

（1）虽然在起跑时，男子和女子都是采用蹲踞式起跑，但是在"预备"时，女子 100 米栏的臀部抬起高度要比男子 110 米栏所抬起的高度低，并且在跑到最后一步后，女子的上体基本保持直立状态来准备起跨攻栏，步长也比前一步缩短了 10～15 厘米。

（2）女子 100 米栏在起跨时是由前脚掌先着地，髋、膝和踝关节缓冲不大，保持高重心并积极前移。在攻栏时更加积极，起跨角度较小，起跨点与栏架之间的距离较近。

（3）在进行上栏时，学生的身体躯干没有明显的前倾和下压动作，过栏时身体重心运动轨迹起伏不大，跨栏步步长为 3.00～3.10 米，下栏着地点距离为 1.00～1.20 米。

（4）起跨腿向前提拉的幅度较小，摆动腿压栏动作迅速短暂，两腿剪绞速度快，摆臂幅度小、速度快。

（5）全程跑时身体重心稳定，跑跨衔接紧密、自然。

（6）终点冲刺跑一般用 5 步跑完，跑时上体不能过早和过分前倾。要借助加快两臂和两腿的摆动，全力冲向终点。

（三）男、女子 400 米跨栏跑技术

男、女 400 米过栏技术大体相同，与 110 米栏相比，过栏技术并无本质性差异，只是在某些动作形式、动作幅度、用力程度和动作细节上略有些差别。起跑至第一

栏步数与栏间跑步数有关，栏间跑用 15 步，起跑至第一栏用 22 步；或 14 步与 21 步；或 13 步与 20 步。

1. 过栏技术

（1）女子过栏技术：女子 400 米栏的栏架较低，要求起跨后蹬力量，上体前倾角度，摆臂幅度和起跨腿的提拉速度都较其他跨栏项目小，跑跨自然连贯，接近"跑栏"技术。

（2）男子过栏技术：男子 400 米过栏技术要求介于男子 110 米栏和女子 400 米栏之间。

2. 栏间跑技术

栏间跑技术要求步数固定、步长准确，节奏感强。栏间跑的步长要合理，要根据个人实际情况而定，要能较好的依靠自身肌肉力量，起跨点要准确、合理。一般来说，栏间跑的步数男子一般为 13～15 步，女子为 15～17 步。

3. 跨弯道栏技术

在男、女 400 米栏运动中，学生需要在弯道上跨 5 个栏，在跨弯道栏时，学生要严格要求自己起跨腿的选择，做到合理、科学。一般来说，起跨腿要利用好向心力的作用，保持身体的平衡，避免过栏时犯规。

400 米跨栏跑全程距离较长，栏间跑步步数也较多，要求学生必须具有出色的控制栏间步节奏的能力，以准确、合理的栏间步数，顺利地跑跨全程。

二、跨栏跑技术教学步骤

（一）初步认识跨栏跑运动

教师通过讲解和示范，使学生了解和掌握跨栏跑的一般知识和基本技术，建立并形成正确的动作表象，充分调动学生学习跨栏跑的积极性。

（二）跨栏跑技术教学

学习跨栏跑要注意以下几个技术环节。

1. 摆动腿动作

原地做摆动腿模仿练习。面对栏架，摆动腿屈膝高抬、前摆小腿再积极下压做扒地动作，使摆动腿的前脚掌在身体重心投影点前着地。

2. 起跨腿动作

双手扶肋木站立，体侧处纵放一栏架，练习者位于栏立柱一脚左右，摆动腿脚跟与栏板平齐，上体前倾，起跨腿屈膝经腋下向前提拉，膝部提拉至身体正前方，身体不要扭转偏斜。

3．过栏时两腿的剪绞动作和上下肢配合技术

练习过栏动作时，要十分注意两手臂动作与过栏腿动作的配合，高抬腿跑完成过栏动作。

4．连续过栏技术

对于初学者来说，可降低栏距和栏高的标准，后逐步过渡到标准要求。

（三）起跑至第一栏技术教学

起跑至第一栏技术的好坏对全程跑的速度和节奏有着重要影响。因此，练习者要根据栏前跑及跨越第一栏的特点和要求，掌握基本的起跑至第一栏技术。

（1）不设栏架，站立式起跑，快速跑 8 步，以检查步长和起跨距离。要求同跨过栏技术一样，第 8 步做出自然的"短步"。

（2）跑 8 步跨越横杆或橡皮筋练习。学生以习惯的步长和节奏快跑 8 步跨过横杆或橡皮筋，跨后继续跑进 3～5 步。

（3）跑 8 步跨第一栏练习。跑时步幅逐渐增大，要富有弹性。跑到第 6 步后，抬起上体按要求起跨。先单个练习，然后过渡到完整练习。

（4）在练习过程中，会出现步长不准确的情况，这是初学者常出现的现象。为了应对此种情况，可在跑道上画线或摆放标志物标出 8 步步长，以帮助学生建立起跑步长的空间定位感。

在加速跑练习时，要注意跑速、幅度和节奏，提高起跑至第一栏的准确性，维持好身体的平衡。

（四）过栏和栏间跑相结合的技术教学

（1）站立式起跑反复跨 3～5 栏。男生用 91.4 厘米高的栏架，栏间距离 11～12.5 米跑 5 步，或 8.5～8.9 米跑 3 步，女生用 76.2 厘米高的栏架，栏间距离可用 10～11 米跑 5 步，7.5～8.5 米跑 3 步。

（2）成组按站立式起跑跨 3～5 架栏，根据学生的实际情况确定栏高和栏间距离。

（3）对于初学者来说，过栏技术较难掌握，可根据学生的具体情况降低栏的高度或缩短栏间的距离，在熟练后可逐步过渡到标准要求。

在学习过栏和栏间跑相结合的技术时，学生要注重整体技术的结合和把握，并采取一定的措施加强薄弱技术环节的练习。

（五）全程跨栏跑完整技术教学

（1）成组起跑跨越 5～10 栏。

（2）蹲踞式起跑跨越 5～7 栏提高跑速，改进过栏与栏间跑相结合的技术，建立正确的节奏。

（3）站立式起跑跨过缩短栏间距离的 8～10 栏。

（4）全程跨栏跑计时测验，分析评定起跑后在加速跑中的过栏技术，途中跑时跑跨结合以及全程跑节奏等技术质量。

跨栏栏间跑技术要求基本同短跑技术，栏间跑要把握好节奏，敢于加速跑，以较快的速度向前冲去。

参考文献

[1] 徐佶，何秋华. 高校田径健身课程知识体系的构建 [J]. 武汉体育学院学报，2004（03）：106-109

[2] 何会权，马飞. 浅议我国高校田径运动现状和发展方向 [J]. 中国外资，2012，000（016）：282-282

[3] 孟刚. 田径 [M]. 北京：北京师范大学出版社，2008

[4] 李鸿江. 田径 2 版 [M]. 北京：高等教育出版社，2008

[5] 宗华敬. 田径 [M]. 北京：北京体育大学出版社，2005

[6] 刘建国. 田径 [M]. 北京：高等教育出版社，2006

[7] 全国体育学院教材委员会编. 田径运动高级教程 [M]. 北京：人民体育出版社，2003

[8] 杨贵仁. 中国学校体育改革的理论与实践 [M]. 北京：高等教育出版社，2006

[9] 毛振明. 简明体育课程教学论 [M]. 北京：北京师范大学出版社，2009

[10] 曲宗湖，杨文轩. 学校体育教学探索 [M]. 北京：人民体育出版社，2002

[11] 刘海军. 普通高校田径运动现状研究 [D]. 吉林体育学院学报，2011（6）

[12] 郭建龙，苏明理，许崇高. 21 世纪我国田径课程改革现状与发展方向 [J]. 广州体育学院学报，2007，27（005）：108-111

[13] 毕红星. 我国部分普通高校田径课教学改革关键因素分析及对策研究 [J]. 天津体育学院学报，2005（01）：67-70

[14] 辛锋. 高校田径运动开展现状与对策研究 [J]. 湖北体育科技，2010，29（006）：728-729

[15] 马明彩，熊西北. 田径运动技术教学理论与方法 [M]. 北京：北京体育大学出版社，1999

[16] 张贵敏. 现代田径运动教学与训练 [M]. 北京：人民体育出版社，2005

[17] 许弘. 田径课程改革的理论与实践研究 [D]. 南京：南京师范大学，2004

[18] 刘文娟等. 走跑健身法 [M]. 北京：北京体育大学出版社，2004

[19] 杨世勇等. 体能训练学 [M]. 成都：四川科学技术出版社，2001

[20] 南仲喜. 身体素质训练指导全书 [M]. 北京：北京体育大学出版社，2003

[21] 张英波. 田径体能训练 [M]. 北京：人民体育出版社，2004

[22] 于振峰等. 体育游戏 [M]. 北京：高等教育出版社，2007

[23] 刘建国. 田径 [M]. 北京：高等教育出版社，2006

[24] 张贵敏. 现代田径运动教学与训练 [M]. 北京：人民体育出版社，2005

[25] 美国田径运动协会编，刘江南等译. 美国田径训练指南 [M]. 北京：人民体育出版社，2002

[26] 张英波. 推铅球：现代投掷技术与训练 [M]. 北京：北京体育大学出版社，2003

[27] 张英波. 掷铁饼：现代投掷技术与训练 [M]. 北京：北京体育大学出版社，2003

[28] 李建臣等. 现代推铅球运动 [M]. 北京：北京体育大学出版社，2007

[29] 曹定汉. 走跑与健身 [M]. 合肥：中国科学技术大学出版社，2007

[30] 乌良等. 现代田径运动竞技与健身 [M]. 北京：中国商务出版社，2007

[31] 王德炜. 学校田径运动会的策划与组织 [M]. 西安：西安交通大学出版社，2007

[32] 宗华敬. 田径 [M]. 北京：北京体育大学出版社，2005

[33] 李鸿江. 跳远 [M]. 北京：人民体育出版社，2000

[34] 孟刚. 田径 [M] 北京：北京师范大学出版社，2008

[35] 全国体育学院教材委员会编. 田径运动高级教程 [M]. 北京：人民体育出版社，2001

[36] 马良等. 现代田径运动竞技与健身. [M] 北京：中国商务出版社，2007

[37] 刘海军. 广西普通高校田径运动现状调查与对策研究 [D]. 广西师范大学，2007

[38] 于建兰. 田径运动竞技与健身 [M]. 哈尔滨：东北林业大学出版社. 2008

[39] 林俊，马亚丽. 高校田径运动会开展现状与对策 [J]. 新西部：理论版，2008（2）：242-242

[40] 杨腾芳，赵强. 普通高校田径运动会现状分析及对策研究 [J]. 体育世界（学术版），2008（06）：17-18

[41] 郝玉，贺军萍，张弓. 体育文化节——高校校内传统田径运动会的改革方向 [J]. 山东体育科技，2005，027（003）：96-98

[42] 佟晓东，刘铁. 高校田径运动课程教学设计与实践. [M]沈阳：东北大学出版社，2009

[43] 曲云霞. 普通高校田径选项课教学现状及改革设想 [J]. 赤峰学院学报（自然版），2011（08）：133-134